西原 祐治

正しい絶望のすすめ

浄土の教えに生きる

正しい絶望のすすめ

―浄土の教えに生きる―

西原　祐治

目次

第三章　仏法という物差し

第四章　大地からの支えに応える

＊聖教の引用については、『浄土真宗聖典（註釈版）第二版』は『註釈版聖典』、『浄土真宗聖典（七祖篇）註釈版』は『註釈版聖典（七祖篇）』と略記しております。

はじめに

一九八七（昭和六十二）年八月から仲間とともに、築地本願寺《つきじほんがんじ》（東京都中央区）で毎月一回「がん患者・家族語らいの会」（浄土真宗東京ビハーラ主催）を開催してきました。今も続いています。人はいのちの終わりにあって、死の苦しみからどのように解放されていくのか。三十数年の活動のなかでもっとも大切にしてきたことです。

迫り来る「死」は、大きな力を持っています。それはわたしの生を否定する力です。死は「生」といういのちだけでなく、生き方・考え方も否定していきます。わたしたちは、プラス思考、希望を拠りどころとして生きています。この世での希望実現には時間が必要です。死は、その時間がなくなるときです。プラス思考で未来に向かって生きることそのものが成立しないのです。ここに、わたしの希望をベースにした生き方から、まったく質の違う生への転換が重要になってきます。浄土真宗で言えば、阿弥陀《あみだ》さまの願いに開かれた生き方への転換です。それはわたしの希望をベースにした生き方を断念するときでもあるのです。

苦しみの対象には二つあります。一つは「わたしの〇〇」の〇〇です。わたしの健康、わたしの家族、わたしの名誉といった具合です。これは他と比較できるのでわかり易く、ある程度はコントロールも可能です。もう一つは、「わたしの〇〇」ではなく、わたしそのものが苦しみの要因となることです。たとえば、思い通りになったことだけにしか喜びを見いだせない自分へのこだわりです。これは認識の主体なので、普段の生活では意識されません。多くは、苦しみの体験や自分を覚醒させる言葉との出合いによって明らかになってきます。

前者の苦しみ「わたしの〇〇」は、苦しみを減らしていくことも可能です。しかし、わたしそのものが問題となる状況下では、減らすのではなく、自分が握りしめているものを手放すことによって解決されていきます。人は苦しみを通して、自分を超えたより広やかなものに出遇うことができるのです。

本のタイトルにある「絶望」は、わたしが変容していくときにおこる内容を言葉にしたものです。

一般的にもちいる絶望は、歓迎しない状況です。希望への執着を断ち切ることができずに苦しみのなかにある状態です。

しかし絶望とは望みを絶つと書くように、希望を断念して、希望への執着から自由になることでもあります。

浄土真宗の用語に「捨機即託法《しゃきそくたくほう》」という言葉があります。機とはわたしのこと、法とは阿弥陀さまの願いとはたらきのことです。わたしを捨てるときが、そのまま阿弥陀仏の法にまかせることである、という意味です。わたしを捨てるとは、まさに希望を断念することであり、その絶望が、そのままより質の高い阿弥陀仏の世界に開かれる起点となるのです。

浄土真宗の仏道は、人類のすべての人が苦しみから解放されていく普遍的な考え方を持っています。苦しみを通して、苦しみの底に横たわっている自らの愚かさが明らかになり、その愚かなわたしを救うという阿弥陀さまの慈しみに開かれていく。そのことを、だれにでもおとずれる苦しみの現場で実践する。これがわたしの思い描く浄土真宗の伝道です。

第一章　いまを生きる

愚かに迷い、心の乱れている人が
百年生きるよりは、
智慧があり思い静かな人が
一日生きるほうがすぐれている。

（中村元訳『ブッダの真理のことば　感興のことば』岩波文庫二一五頁）

近頃人気のロボット掃除機が、わが家でも活躍しています。先日、そのロボット掃除機が「エラー1　右」というメッセージを発して、動かなくなりました。ネットでヘルプ情報を読んで操作してみても改善しないので、サービスセンターにメールで問い合わせました。すると翌日、以下のような返信がありました。

「サービスセンターでございます。お問い合わせいただきまして、ありがとうございます。エラー1が発生しておられるとのことで、ご迷惑をおかけし申し訳ございません。すでにお試しいただいているかと存じますが、以下を、ご確認いただけますでしょうか。本体を裏面にしていただき、後輪を五回ほど強めに叩いていただけますでしょうか。本体前面のバンパー部分を横から五回ほど、手で叩いていただけますでしょうか。(以下略)」

精密機器でも作動部分は簡単なパーツの組み合わせなので、アクシデントがあるようです。「五回ほど叩いてください」というのがクラシックで愉快です。仰せのとおりにしてみたら、動き始めました。

一昔二昔前は、テレビの調子が悪いと「叩けば直る」と言って、バンバン叩く人がいました。しかし、現代のテレビなどの家電や精密機器は「叩いてはいけません」と注意書きにあります。

〝叩けば直る〟五十年くらい前までは、小中学校の教諭は子どもを叱るとき、叩くことがありました。社会に善悪の価値観がしっかりとあり、それによって体罰を認める風潮があったからです。先生が叩くという行為は教育的配慮とされていたのでしょう。現代はと言えば、価値観の多様化の時代です。ある人にとって善であることも、他の人にとっては善であるとは必ずしも言えません。

社会全体が共通の価値基準によって成立している時代は、見方によっては意外に生きやすい社会だと言えます。社会の基準に照らして、自分の立ち位置がはっきりとするからです。逆に、現代のように人によって価値観がバラバラな時代は、自分のなかに価値基準を持たないといけないので、ここから不安定な生き方が生み出されていきます。しかしこのように価値観の多様化といっても、体罰という一人ひとりの尊厳を損う行為は許されるものではありません。同様に現代ほど普遍的な価値や意味を見出し、生きる拠りどころが必要とされる時代はありません。

時代には、その時代の物語があります。たとえば、江戸時代には努力してもどうにもならないことが多くありました。職業の選択や立身出世など、自分の努力が報われない時代でした。むしろその時代の努力としては、欲をかかず〝自分の分を守る〟ことが求められました。その後、明治、大正、昭和、そして戦後の高度成長期までは、〝頑張れば何でも叶う〟という時代でした。

ところが、昭和五十年前後のオイルショックを経てから、〝がんばってもどうにもならないこともあるのではないか〟という風潮になっていきます。たとえばマンガやドラマの傾向を見ても、それまでの「巨人の星」や「アタック№1」に見られる〝根性モノ〟から、このころを境に、〝ひょうきんモノ〟やトレンディードラマなど、軽いタッチのものが流行るようになりました。

そして現代はと言えば、価値観の多様化のなかで共通の高い価値観が失われ、ニヒリズム（虚無主義）に陥っているようです。わたしは、このニヒリズムへの処方箋は、むしろニヒリズムを肯定して、そのニヒリズムを突き抜けていく方向にあると思っています。

ニヒリズムは、親鸞聖人《しんらんしょうにん》の言葉で言うと、

一切《いっさい》の群生海《ぐんじょうかい》、無始《むし》よりこのかた乃至今日今時《ないしこんにちこんじ》に至《いた》るまで、穢悪汚染《えあくわぜん》にして清浄《しょうじょう》の心《しん》なし、虚仮諂偽《こけてんぎ》にして真実《しんじつ》の心《しん》なし。

（『顕浄土真実教行証文類』「信文類」、『註釈版聖典』二三一頁）

の症状であるということです。

清浄のこころのないわたしを肯定してくれるものに〝出遇《であ》っているか、いないか〟がキーポイントになります。

光に充ちた一日は百年の闇の生活に勝《まさ》ります。ニヒリズムを闇とするか、ニヒリズムのなかでニヒリズムを突き抜けて光に出遇っていくか、その光をインドの言葉で「アミダ」（阿弥陀）というのです。

光に充ちた一日は、百年の闇の生活に勝る。

文明の発達と滅亡

如来《にょらい》、無蓋《むがい》の大悲《だいひ》をもって
三界《さんがい》を矜哀《こうあい》したまふ。

（『仏説無量寿経』、『註釈版聖典』九頁）

無蓋の大悲——いかなることにも妨げられない無限の大慈悲心。
矜哀——矜も哀もともに〝あわれむ〟の意。如来の人々をあわれむ慈悲のこと。

人間と動物の決定的な違いは〝言葉〟を持っていることだと言われてきました。
言葉はいろいろな機能を備えています。言葉によって新しい現実がつくられていきます。「明日、映画に行こう」という約束によって、映画に行くという現実がつくられていきます。「大阪へ転勤を命ず」という命令も、大阪で勤務するという現実が言葉によってつくられていくのです。

また、〝考える〟作業も、こころのなか、頭のなかで言葉によって構成されていきます。言葉がないと思考そのものが成り立ちません。

「フェルミ／ハートのパラドックス」という命題があります。「パラドックス」とは、ギリシャ語に由来し「矛盾」「逆説」「ジレンマ」を意味する言葉です。「フェルミ」と「ハート」はともに人の名前で、「宇宙人の存在の可能性」と「人間が地球外生命体と遭遇」できない理由を研究したものです。

宇宙人が地球に来ない理由の一つに、次のような説があります。「ほとんどの宇宙人は、ある程度文明が発展すると核戦争や著しい環境破壊などの事態を引き起こし、短期間に滅亡してしまうため、宇宙旅行に乗り出す時間を持ち得ない」というものです。

言葉をもつと、その思考によって原子力の発見に到達する。そして、その原子力の活用によって生命体そのものが滅亡する。だから、高度な文明を発展させたもの同士が交流を持つことがないというのです。これは当たっているのかもしれません。

また、言葉によってある概念やものを人間同士は共有することができます。現代だけでなく、過去の人や未来の人とも、言葉を書き記すことによって共有することができます。また言葉によってものごとが明らかになります。

もう二十五年ほど前のことになりますが、二〇一七（平成二十九）年に逝去された児童精神科医の佐々木正美師から、高名な心理学者であり文化人類学者でもあった我妻洋《わがつまひろし》先生の話をうかがったことがあります。それは、「人間は、どこの国民だとかどの民族だとかに関係なく、経済的・物質的に豊かな社会に住んでいると、外罰的、他罰的になる」という話でした。

何か不愉快なことがあると、他人のせいにしたくなるというバイアスです。不愉快なことがあったときに、自分のふだんの心掛けが不十分で努力が足りないからだと思う感性を、内罰とか自己罰と言います。ところが人間は、経済的・物質的に豊かな社会に住んでいるほど外罰性・他罰性が強くなり、逆にものが非常にとぼしい社会に住んでいるほど内罰・自己罰的になる、という話でした。

ものが豊かな社会では、人は他罰的な感受性をもつ。この他罰性という言葉を聞いたとき、自分のなかにある他罰的な感受性の傾向があることを理解しました。言葉によって、わたしのなかに起こっていることが明らかになったのです。

阿弥陀さまは、この「南無阿弥陀仏《なもあみだぶつ》」という言葉の仏に成ることによってわたしにその存在を告げている仏さまです。言葉ですから、いろいろな人とも共有ができます。

その阿弥陀さまを讃えた『仏説無量寿経《ぶっせつむりょうじゅきょう》』に、阿弥陀さまは「無蓋《むがい》の大悲」をもって救うとあります。「無蓋」の「蓋」とは「ふた」のことです。「蓋がない」とは、無条件に救うという如来のメッセージです。そして、〝無条件に救う〟という言葉によって、無条件でなければ救われないわたしの闇が洞察されていくのです。

阿弥陀さまの願いとはたらきの大きさは、わたしの闇の深さに起因し比例しています。わたしたちは、その願いとはたらきに自らを委ねて生きていくのです。

阿弥陀さまの願いとはたらきの大きさは、わたしの闇の深さに起因している。わたしたちは、その願いとはたらきにゆだねて生きればよいのだ。

“やさしさ”という感受性

仏心《ぶっしん》とは大慈悲《だいじひ》これなり

（『仏説観無量寿経』、『註釈版聖典』一〇二頁）

慈悲――いのちあるものに対して楽を与え、苦しみを取り除くことを願うこころのはたらき。

「善人」という思い上がりほど怖いものはありません。ブレーキのないスポーツカーのようなもので、歯止めがきかないからです。

わたしは車で移動中、カーラジオで放送大学の講義を聴くことがあります。あるときスイッチを入れると、大山泰宏《やすひろ》准教授の「人格心理学」の講義でした。

ラジオから最初に聞こえてきた言葉は、

「第二次世界大戦のときのナチスによるホロコースト（大量虐殺）は、人類史上最も大きな過ちのひとつであります。ナチズムは決して〝二十世紀の狂気〟などではなく、〝二十世紀の理性の結果〟だったのです」

でした。

わたしは思わず、〝二十世紀の狂気〟ではなく〝二十世紀の理性の結果〟という言葉に反応し、話に耳を傾けました。

話の概要は、次のようなものでした。

ナチズムがそもそも目指していたのは、〝人格と人間の向上〟で、そのためにさまざまな政策を実行した。

具体的には、頽廃《たいはい》芸術の一掃、国民芸術の推奨、自然回帰の運動、健康増進運動などなどで、たとえば健康増進運動の例としては、

①タバコとアルコールの害についての啓蒙。

②アスベスト使用の禁止。

③子どもを母乳で育てることの推奨。
④菜食主義や、自然と親しみながら明るく健康に暮らす家族イメージの拡大。
といったことを推進した。
これら現在社会においても好ましいと思われる施策は、人間としての理想を強く打ち出すがゆえに、それに当てはまらないと考える人々を差別し排除していったのである。

（大山泰宏著『人格心理学』二〇六頁、放送大学振興会）

このような政策の基に、各国から強制的に連行されたユダヤ人約六百万人のほかにも、同性愛者や精神・身体障がい者、重病者といった人々が、社会的な逸脱者の烙印を捺され、合計で約五百万人が殺されました。精神疾患や身体的障がいがある人には、断種も行われたそうです。
この「優生学」を基盤とした思想・施策はナチスに限らず、ヨーロッパの国々をはじめ、アメリカでも日本でも、それこそ多くの国々で見られたことでした。ナチスのホロコーストは、たしかに極端な事態でした。しかしこのような事例は、わたしたちが「善を求める」なかにある危険性を示しています。

人格の向上にはらむ危険性とは別に、向上とは真逆の脆《あやう》さ、壊れやすさ、傷つきやすさから、まったく異質の感受性が起こります。その感受性とは〝やさしさ〟です。〝なりたくない〟状況に陥った自分を受け入れる価値観は、この〝やさしさ〟です。強さ賢さへの憧れは、これに反する自分を傷つけ排除していきます。一方では、絶望の淵に立つ自分にOKを出せる〝やさしさ〟に出合うことがあります。

その〝やさしさ〟の極まりである阿弥陀さまの慈しみには、〝弱く、愚かで、はかないもの〟に尊厳を見出す力があるのです。

如来の慈しみとは、弱く愚かではかないものに尊厳を見出す力である。

親鸞聖人からのいただきもの

前《さき》に生《うま》れんものは後《のち》を導《みちび》き、後《のち》に生《うま》れんひとは前《さき》を訪《とぶら》へ
（道綽禅師『安楽集』、『註釈版聖典』四七四頁）

親鸞さまのご誕生を祝って行う法要を、お釈迦《しゃか》さまにならって「降誕会《ごうたんえ》」と言います。この「降誕」という言葉を、有難いと思ったことがあります。

あるとき、誕生という言葉を辞書でひきました。すると「人の生まれること」（『広辞苑』）とありました。誕生とは、動物ではなく人の生まれることを言うのです。では、「誕」は人だけに使う文字であり、言偏《ごんべん》もついているので、きっと素晴らしい意味のある文字だろうと、また辞書で調べました。すると意外にも「いつわること、でたらめ」（『広辞苑』）

とあります。有難いと思ったのは、このときです。お釈迦さまの降誕とは、「ウソ、偽りのなかにわが身を降ろす」いう意味だったからです。それは、

たとひ身《み》をもろもろの苦毒《くどく》のうちに止《お》くとも

（「讃仏偈」、『註釈版聖典』一三頁）

という苦難に満ちた出来事だったのです。お釈迦さまの誕生が有難いと思ったのは、ここにひとえにわたしたちを救うためのご苦労があると思われたからです。

親鸞聖人のご生涯は、お若きおりのご両親との離別、比叡山での二十年間のご苦労、越後への流罪、関東での伝道などなど、ご苦労多きものでしたが、そのなかで、『仏説無量寿経』の真実のみ教えを見極め、私たちにお伝えくださいました。まさに「降誕」のご生涯でした。

日頃、当たり前のように浄土真宗のみ教えに触れあうことができています。しかしその私の当たり前のなかに、先人のご苦労があったのです。

十年前、ある講習会で「自分への手紙」という内容の実習を行ったことがあります。「自分への手紙」とは、「自分の命があと二週間、という状況下にあると思って、自分への手紙を書く」というものです。そのとき、わたしも一緒に書きました。以下は、そのときの手紙の一部です。

わがまま一杯の生涯でしたね。多くの人に迷惑をかけたことでしょう。でもそのなかで、親鸞聖人に出遇えて良かったですね。多くの方のお説教で聞いてきたとおり、得難い人生でした。(中略)

悲しければ、泣いていいのですよ。悔しければ怒っていいのですよ。しがみつきたければしがみついていいのですよ。その一息一息の上に阿弥陀さまはご一緒してくださっているのですから。

これからの二週間、泣いて暮らしてもいいのですよ。今までどおり、わがまま一杯で過ごしてもいいのですよ。あなたがあなたであることを大事にしてください。

今手紙を書いている私も、一緒にあなたと共に過ごします。

でも本当に良かったですね。今あなたは思っていることでしょう。一昨年、若手布教使の研修会で「あなたにとって親鸞さまは、どういう方ですか」と問われて、答えられないことがありましたね。

今は、その親鸞さまに出遇えて本当に良かったと思っていることでしょう。私もそのことを喜べるあなたであったことを祝福します。

親鸞聖人が、浄土真宗をあきらかにされて八百年、あまたの人たちが聖人の導きにより阿弥陀さまの願いに触れ、南無阿弥陀仏のお称名《しょうみょう》のなかに生き、そしてご往生《おうじょう》されていったことでしょう。これはひとえに「親鸞聖人ご出世のご恩」です。

誕生の意味を考えるなかにお釈迦さまや親鸞聖人のご苦労が偲ばれる。

なんぢ一心《いっしん》に正念《しょうねん》にしてただちに来《きた》れ

（善導大師『観経疏』、『註釈版聖典』二二四頁）

一心に――阿弥陀さまの救いを信じて疑いのないこと。
正念にして――本願を信じ念仏を申す正しいおもい。

ある本に「チンパンジーは絶望しない」ということが書かれていました。絶望は、将来に対する希望が断たれることです。チンパンジーは未来を想像するという思考がないので、言われてみれば納得です。これはチンパンジーだけにとどまらず、人と動物の違いでもあるようです。

〝絶望〟とは、〝私の無力さに触れる〟ときです。無力なわたしが明らかになる。それは絶望ともなりますが、より大きな希望に開かれるときでもあります。

その大きな希望とは、阿弥陀如来の本願のみ教えに出遇うということです。〝絶望〟という言葉を聞いて、思いつくお聖教の言葉があります。それは中国の善導大師の「二河白道《にがびゃくどう》」の喩えに説かれている言葉です。

二河白道とは、念仏者の信心のすがたを旅人の喩えで示されたものです。その説話のなかで旅人は、

われいま回《かえ》らばまた死《し》せん、住《とど》まらばまた死《し》せん、去《ゆ》かばまた死《し》せん。

（『註釈版聖典』二二四頁）

と、絶体絶命の状況に追い込まれる描写があります。まさに、〝絶望〟の淵に立ったのです。そのとき、お釈迦さまの「きみただ決定《けつじょう》してこの道を尋ねて行け」という言葉が聞こえ、そして阿弥陀さまの「なんぢ一心に正念にしてただちに来れ」という本願のみ教えに導く声が旅人に届くのです。

この教説は、人が悲しみや苦しみのなかで体験する絶望的状況は、ただ自己の無力さを知るだけの無意味な体験では終わらず、阿弥陀さまのみ教えに出遇うときでもあることを示唆しています。

〝苦しみを通してみ教えに出遇う〟過去、多くの念仏者が体験してきた、その体験は現代においても浄土真宗のお御法《みのり》のはたらきとして脈々として受け継がれています。

江戸時代に田上菊舎《たがみきくしゃ》という俳人がいました。現在の山口県下関市豊北町《ほうほくちょう》に生まれ、十六歳で嫁ぎ、二十四歳のときに夫は死去、子どもがなかったため実家に戻ります。二十六歳のとき、「菊車」(後に菊舎)の俳号を授かり、周囲の俳人から祝福を受けています。また萩の真宗寺院・清光寺《せいこうじ》で剃髪《ていはつ》し、五十九歳のときには、本山の親鸞聖人五百五十回忌に参拝しています。

菊舎は、俳人としての枠を超え、書・画・琴・茶の湯・和歌・漢詩にも精通し、その生涯の大半を旅ですごし、その間、知り合った文人は、名が記された人だけでも二千名に及び、そのなかには長府藩主・毛利元義の名も見えます。

『田上菊舎全集　上・下』（和泉書院）の巻頭に、大岡信《まこと》は、

もし古人を今甦《よみがえ》らせることが可能なら、女性としてはまず真先に甦らせ、その謦咳《けいがい》に接してみたい人である。

（上巻、一頁）

と書いています。夫の死後、二十九歳にして美濃派六世朝暮園傘狂《ちょうぼえんさんきょう》に入門するために、はるばる長門《ながと》から美濃国へと旅立ちます。若い菊舎の率直な感性は人々に好感を与え、三十歳のとき、師は「信」の一字を大切にと「一字庵」の号を与えています。

それから、一人で「奥の細道」を芭蕉とは逆のルートで江戸に行き、北陸、信濃、京、大坂、九州まで、一人旅は続いています。

辞世の句は、

無量寿《むりょうじゅ》の宝の山や錦時《にしきどき》

（上野さち子編『田上菊舎全集』下巻、一〇三〇頁下）

で、念仏者らしい歌を詠んでいます。

菊舎の歌には「無量寿」（阿弥陀仏）をうたった作品がいくつもあります。そのなかに次のような句があります。

無量寿の種いたゞきぬむつの花　（『同』下巻、六三六頁上）

なめてしる無量寿の香《か》や露《つゆ》の味《あじ》　（『同』下巻、九二〇頁上）

「なめて」とは、苦渋をなめること、苦しみ悲しみの体験です。阿弥陀さまの功徳を「香りと露の味」で表現しています。苦しみを通して、無量寿仏の豊かさや慈しみに出遇ったという歌です。夫との死別、持病の喘息《ぜんそく》、七十四年の苦渋多き生涯を、南無阿弥陀仏の花を咲かせるご縁として生ききった姿は見事です。

人生、どうにもならない苦しみや悲しみに遭遇することがあります。その苦しみや悲しみを通して、安穏ならば拝むはずのない阿弥陀さまを礼拝し、み仏の教えが心に響くということがあります。そして阿弥陀さまの慈しみに出遇えたとき、苦しみや悲しみが、み教えに出遇う意味ある営みとして受け入れられていくのでしょう。
いつの時代にも人の苦しみや悲しみは尽きません。その苦しみや悲しみが、み教えに出遇う意味ある営みとして受けいれられていく。ここに浄土真宗の時代を越えた普遍的な価値があります。

苦しみや悲しみのなかに与えられる豊かさ。
それこそが阿弥陀さまの慈しみです。

独りでいられる能力

弥《み》陀《だ》の五《ご》劫《こう》思《し》惟《ゆい》の願《がん》をよくよく案《あん》ずれば、ひとへに親《しん》鸞《らん》一《いち》人《にん》がためなりけり。
（『歎異抄』後序、『註釈版聖典』八五三頁）

五劫思惟の願――「劫」とは時間の単位。阿弥陀さまが法蔵菩薩のとき、衆生を救うために長い間思惟を重ねられたことをいう。「願」とはそのときに建てられた本願のこと。

遠方に嫁いだ娘が、まだ二歳にもならない孫を連れて一年ぶりに里帰りしました。娘の来訪の目的は、友人の結婚披露宴への出席です。披露宴の一週間前に帰ってきて、子どもを祖父母になじませてから外出しようという考えです。

孫は、家に来てからしばらくの間は、知らない家に来ての不安もあってか、娘がトイレに行っているわずかな間も「ママ、ママー…」と付きまとう状況でした。娘が駅まで人を送っていって不在となった十分ほどの間も、やはり「ママは、ママは…」と言い続けていました。

そして一週間後の娘の外出は、午前十一時から午後六時までです。〝二時間くらいで泣きやむかな〟これが私の予想でした。

さて当日です。私は朝から所用があって外出し、午後零時三十分ころに帰宅しました。きっと「ママは、ママは…」と泣いているだろうと思いながら居間に入ると、なんとニコニコして、一人で遊んでいます。

夜、娘が帰ってきたとき、「出かけるときはどうだった」と確認しますと、「ママは今日はご用事で外出するけれど、夕方には帰って来るからお利口にしていてね。ナナちゃん（長男の子）も来てくれるからね」としっかり約束して、駅でバイバイしたとのことです。

言葉には現実をつくっていく働きがあります。「明日、東京駅で会うという約束」によって、人と人が〝会う〟という現実が作られます。「大阪支社に転勤を命ず」という辞令によって、〝転勤〟という現実がつくられていきます。母と子の約束によって、一人で過ごすという現実がつくられたのです。私には驚きでした。

娘が自分の家に戻った後、私はなぜ幼児が母との約束を実行できたのかを考えました。それはおそらく今まで生活のなかで、何度も「少し待っててね、すぐ来るから」といった約束という経験の積み重ねがあったからだと思われます。


阿弥陀さまの約束を誓いと言います。「私を浄土へ摂《おさ》め取る」という誓願《せいがん》です。私は、この誓願を生活のなかで受け入れて暮らしています。私がなぜ、その誓いを受け入れているのかを考えると、孫と同様に、過去の経験のなかで私の念仏となり、私を〝み教えを喜ぶ人間〟に仕上げ、誓いどおりにはたらき続けてくださっているという事実があったからなのでしょう。

『仏説無量寿経』に、

人《ひと》、世間愛欲《せけんあいよく》のなかにありて、独《ひと》り生《うま》れ独《ひと》り死《し》し、独《ひと》り去《さ》り独《ひと》り来《きた》る。

（『註釈版聖典』五六頁）

とあります。お経の言葉は、「独り」という孤独な人生の事実を伝えたものです。

その〝独り〟について、ウィニコット（一八九六〜一九七一）は「独りでいられる能力」という重要な示唆を与えてくれています。

ウィニコットは、イギリスの小児科医・精神分析家で、四十年以上にわたり六万例の臨床経験を基盤に、独自の視点から母子の対象関係論を発展させています。

ウィニコットが教える「独りでいられる能力」は、乳幼児期に開発されるものだそうです。常に親が自分のことを守ってくれているということを体験として理解した乳幼児は、物理的に親が傍にいなくても、いつしか善意に溢れた心地よい環境に深く安心し、ひとり遊びができるようになる。この安心感を伴ったひとり遊びは、悲観的な孤独体験とは全く正反対で、安心して自ら未知の世界へと向かって行くことのできる孤独だと言います。この能力によって、人は他者といることで一人でいられるようになり、一人でいられることによって他者と一緒にいられるようになるのだそうです。「独りでいられる能力」とは、〝一人でいても一人でない〟といった感性です。逆に、一人でいる能力が阻害されると、

独房に監禁されていて、それでも独りでいることができないということがありうる。こうした人が、いかに苦しむかは想像を超える。

（『ウィニコット用語辞典』三五四頁、誠信書房）

とウィニコットは語っています。

浄土真宗は、阿弥陀さまによって「独りでいられる能力」が育まれていくのでしょう。その能力は、

弥陀の五劫思惟の願をよくよく案ずれば、ひとへに親鸞一人がためなりけり。

と示されるように、宇宙全体の生命のなかに自己を見出すというほどに、力強いものなのです。

独りでいるという経験の深まりが、一切衆生を救うという阿弥陀さまの智慧と慈悲の深さへとつながっている。

真理《しんり》の一言《いちごん》は悪業《あくごう》を転《てん》じて善業《ぜんごう》と成《な》す

（宗暁禅師《しゅうぎょうぜんじ》『楽邦文類《らくほうもんるい》』、『註釈版聖典』一九九頁）

真理の一言――南無阿弥陀仏の名号。
善業――善い果報を得る因となるもの。

わたしは学生時代を京都で過ごしましたが、そのときに、毎月、清水寺で開催されていた「唯識《ゆいしき》講座」に参加していました。講師は、清水寺の貫主であった大西良慶《りょうけい》師（一八七五～一九八三）でした。師は百七歳でお亡くなりになりましたが、わたしが聴講していた当時は百四歳のころでした。ユーモアのあるお話や、ときには乃木《のぎ》大将のお葬式の話など、独特の良慶節に聴衆は魅了されました。

お話のなかでよく出てきたことの一つに「理」があります。「理は里の王さまと書くの。ピーナツ（お金）をもらってもいいが、この理がないとだめなの」といった調子で、当時、マスコミを賑わせていたロッキード事件を例に話をされていました。

「理」は、料理、義理、物理など、普遍的な意味を持たせるために使われ、道理があるかないかによってものごとの善し悪しが判断されます。しかし世間の道理は、ときとして人間の欲に絡んで暴力になることがあります。「普通」という暴力です。

以前、図書館で書架を見ていたら、『これがぼくらの五体満足』（先天性四肢障害児父母の会編三省堂）が目に止まりました。乙武洋匡《おとたけひろただ》さんの著書『五体不満足』（講談社）がたびたびマスコミに取り上げられていたことから、興味を引かれ借りてきました。

この書は、先天性四肢障がい児やその両親ら百人が、それぞれの体験を書いたものでした。タイトルの『これがぼくらの五体満足』とは、彼らの日常にある生き方を表しています。生まれたままの自然体で成長するという生活スタイルが、タイトルの「ぼくらの五体満足」の意味です。良い本でした。そして登場人物のみんなが、人として素晴らしいのです。

多くの障がいがある人がそのことを当たり前として育つ。ところが幼稚園に行くと、周りの子どもたちから「あんたは普通じゃない」といじめに遭う。当人にはつらいことです。ここに〝普通という暴力〟があります。「普通でない」という他者の指摘によって傷つき、また自らも〝普通であるべき〟という価値観を植えつけられて、自分を罰していくことになりがちです。わたしたちは普通ではないと思うことが起こると、〝不幸〟という負い目を持ちます。


学校の成績が良くなくても、結婚しなくても、どのような死でも、普通の自分でいられる、ここが大事です。

でも、この世の中では〝普通という暴力〟があることを自覚している人は、じつに少数派です。現代の病理は、このように「普通」という顔をしていて、見えにくい状態にあります。嘘が明らかになるところに本当のはたらきがあります。

嘘が明らかになる。そこに本当のはたらきがある。

迷信を生む人間の特性――迷信バイアス

かなしきかなや道俗《どうぞく》の
良時《りょうじ》・吉日《きちにち》えらばしめ
天神《てんじん》・地祇《じぎ》をあがめつつ
卜占《ぼくせん》祭祀《さいし》つとめとす

（親鸞聖人『正像末和讃』、『註釈版聖典』六一八頁）

良時・吉日――日時の善し悪し。
天神・地祇――天の神、地の神。
卜占祭祀――占いや祭りごと、お祓い。

自分のことは身近過ぎて気づかないことが多くあります。その一つに〝迷信バイアス〟というものがあります。〝迷信バイアス〟はわたしの造語ですが、浄土真宗では迷信や現世祈祷を嫌います。現世祈祷とは、呪文や読経など神仏の力を利用して願いごとが叶うように祈る行為で、いわば神仏の力を利用してわたしの都合を成就させようとすることです。

迷信や現世祈祷を生み出す理由として人間の特性があります。

一つは〝他罰性〟です。心配や不幸の原因を、自己ではなく自分以外のものに求めようとするこころです。失敗や幸運の原因を自分以外のものに見ていく見方が、迷信が生まれる背景にあります。

二つ目は〝コントロール幻想〟です。コントロール幻想とは、自分がコントロールできない事象を、あたかも制御できていると思い込むことです。個人的な迷信・ジンクスの類は、自分は〝未来をコントロールできる〟という思い込みがあるということです。

「オペラント条件づけ」という言葉があります。バラス・フレデリック・スキナー（アメリカの心理学者）の「鳩にみられる『迷信行為』」という実験結果があります。

腹をすかせた鳩を実験箱に入れ、エサはタイマーで十五秒おきに出るようにセットします。鳩は時間がたつといろいろな仕草をしだします。そのしぐさとエサの支給は関連づけられており、鳩はその行為によってエサが支給されていると勘違いするという実験です。このオペラント条件づけは、コントロール幻想に基づいています。

三つ目は、人は偶然を物語化するということです。物語化するとは、現在起きていることを過去の出来事と結びつけて理解することです。たとえばがんを発病すると、過去に原因を探します。

この三つの要素によって、迷信や現世祈祷が生み出されていきます。たとえば、生贄《いけにえ》で神への供物として生きた動物などを供えることがあります。これは幸・不幸の原因を外（神）に求め、それをコントロールできるという幻想と、〝こうだからこうなる〟という因果律を持ち込んでなされる行為です。迷信が生まれる背景には、こうしたわたしのこころの癖が土壌となっているのです。

わたしは『親鸞物語―泥中の蓮花』（朱鷺《とき》書房）という小説を書いたことがあります。そのなかで、親鸞聖人の思いを次のように描写しました。

われら世俗の者は、思い通りになったことのみに喜びを思いまする。その思い通りになったことのみに幸せを見出すという己の闇が知らるれば、人は祈る心から解かれるのでござる。（中略）思い通りにしたいと、災難を避けるためにと迷信にこだわり、神仏に祈る。しかし阿弥陀仏の光明により己の闇が破られるとき、迷信にこだわり神仏に祈る必要のない境界が開かれますする。

（二二二頁）

わたしの欲得の達成を唯一の生きがいとする、その愚かさが明らかになったとき、人は祈るこころから解放されるのです。

確かな歩みとは、神仏に祈る必要のない、いまを生きることである。

愛憎違順《あいぞういじゅん》することは
高峰岳山《こうぶがくさん》にことならず

（親鸞聖人『正像末和讃』、『註釈版聖典』六〇一頁）

愛憎違順――こころに順《したが》うものは貪愛をいだき、順わないものには憎しみをいだく。
高峰岳山――悪を〝高い山や峰〟に例えたもの。

愛と憎しみはまったく相反するもののように思われるでしょうが、じつは同質のものなのです。親鸞聖人のご和讃《わさん》にも、人は「愛憎違順」、すなわちこころに順うものには貪愛《とんない》のこころをいだき、こころに違うものには瞋憎《しんぞう》の思いを抱く、と述べられています。

国際情報誌『SAPIO（サピオ）』二〇一五年一月号（小学館）のタイトルに、「家族同士の殺し合いが増加　昨年の殺人事件は親族間が53・3％」とありました。記事を読みながら、愛憎の同質性に思いが及びました。この雑誌に掲載されていた数字の部分だけ紹介しましょう。

殺人事件は戦後、一九五〇年代から減少し続け、九〇年代以降は一一〇〇〜一二五〇件程度とほぼ横ばいで推移、〇九年以降はさらに減って一〇〇〇件以下となった（いずれも検挙件数。警察庁の統計による）。高度経済成長で暮らしが豊かになるのに伴い減少し、その件数に大きな変動がないことがわかる。

しかし、親子、兄弟、配偶者同士など〝親族間〟の殺人に目を転じると、事情は異なる。（中略）〇三年までの過去二五年間、親族間の殺人は検挙件数全体の四〇％前後で推移してきたが、〇四年に四五・五％に上昇。以後の一〇年間でさらに一〇ポイント近く上昇し、一二年、一三年には五三・三％まで増加した。（九九頁）

雑誌を読みながら、殺人の五三・三パーセントが親族間での事件であったとは驚きでした。

同記事には、影山任佐《じんすけ》東京工業大学名誉教授（犯罪精神病理学）の解説もありました。

そもそも家族は他人よりも圧倒的に近い距離にいるため、〝なぜわかってくれないのか〟と不満を抱きやすい相手。根本にある依存心、甘えが満たされなかったとき、不満が他人より増大しやすい。

とあります。他人なら離れることができるが、家族はそういきません。

〝一家に一基〟とは、車やテレビならぬお仏壇のことです。お仏壇は、自分のこころを映す鏡のようなところです。現代社会のなかで重要な考え方は、自分が〝賢くなる〟ことなどではなく、自分の〝愚かさに思いが至る〟ことです。お仏壇の前に座ると、〝仏さまのまなざしのなかにあるわたし〟が見えてきます。

お仏壇は死者供養のためではなく、わたし自身のための場所です。愛と憎しみが一枚の葉っぱが風に舞うように繰り返される日常で、そのわたしを委ねることのできる場がお仏壇なのです。

愛と憎しみが、一枚の葉っぱが風に舞うように繰り返されている。

第二章　人生の拠りどころ

われ仏道《ぶつどう》を成《な》るに至《いた》りて、
名声《みょうしょう》十方《じっぽう》に超《こ》えん。
究竟《くきょう》して聞《きこ》ゆるところなくは、
誓《ちか》ひて正覚《しょうがく》を成《な》らじ。

（『仏説無量寿経』、『註釈版聖典』二四頁）

名声——阿弥陀仏の名号。
究竟——事物を徹底的にきわめること。

お茶の水女子大学名誉教授であった外山滋比古《しげひこ》さん（一九二三〜二〇二〇）は、日本語についての卓越した研究者です。先生の独創的な提言に〝母乳語〟と〝離乳語〟があります。

子どもは、まず身の周りの具体的な言葉を主に母親から学んでいきます。母親が赤ちゃんに「ワンワンが可愛いね」「ワンワンがしっぽを振ってるね」などと、何度も何度も語りかけます。すると、言葉が徐々にこころに染み入って、ワンワンという言葉を聞くと小さな動物のことを思い浮かべ、その動物を見たらワンワンという言葉が頭に浮かぶようになる、これが母乳語です。

次の離乳語とは、「むかしむかし」というおとぎ話のことです。離乳語には、言葉は言葉だけで使うことができることをわからせる役目があります。これが身についていないと小学校へ入学したとき、算数の授業などで困ることになります。「太郎さんは鉛筆を三本、次郎さんは鉛筆を二本持っていました」と言われたとき、「太郎さんの鉛筆は削ってありますか」とか、「何色ですか」とか、具体的な話として聞いてしまいます。算数のような抽象的思考は、おとぎ話のように言葉を空想的に思い浮かべることによって可能となる、これが離乳語です。意識を抽象的な思考へと現実離れさせる役割があるおとぎ話は、人間の知能を発達させる大切な役割を果たしていると言われます。

では仏さまの言葉は？　この母乳語と離乳語を一歩進めて、自我からの超越へといざなうので、「超越語」とも言えます。では、どのような言葉によって、自我からの超越がどのように達成されるのでしょうか。その言葉とは、「経典」です。

『仏説無量寿経』には、法蔵菩薩《ほうぞうぼさつ》が修行を完成させた結果、阿弥陀如来に成ったという物語が説かれています。その神話的な表現は、阿弥陀如来という大悲のはたらきを〝物語〟として示しています。

それは、法蔵菩薩は〝生きとし生けるものを救いたい〟との願いを起こし、一人ひとりの苦しみに寄り添い救う修行によって願いを完成させた結果、阿弥陀如来に成ったという物語で、ここに〝このわたしが救われていく世界〟が説かれているのです。すなわち、法蔵菩薩は〝このわたし〟を救うという願いを成就した結果、「南無阿弥陀仏」という名前の仏と成られたのだということです。〝このわたしが念仏を称える〟のは、阿弥陀仏の願いとはたらきによる賜り物です。わたしが念仏を称えることによって、救われていくわたしが明らかになっていくのです。

救われていくわたしの発見は、救われなければならない闇の洞察をともない、闇の洞察は自分を絶対唯一とするこころからの脱却となります。それが自我からの超越です。

その自我からの超越の突破口は、自分の愚かさが明らかになることです。

すべての人を潤すいのちの言葉は、人の苦しみを浄化し、欲と怒りと無知の闇を晴らし、迷いを断ち、災いを超える英知を与えてくれるのです。


すべての人を潤すいのちの言葉は、人の苦しみを浄化し、欲と怒りと無知の闇を晴らし、迷いを断ち、災いを超える英知を与えてくれる。

有無同然《うむどうねん》にして、憂思《うし》まさに等し。

（『仏説無量寿経』、『註釈版聖典』五四頁）

有無同然にして――有《あ》ろうとも無《な》かろうとも。
憂思――うれい、悲しむこころ。

耳の不自由な人を「ろう者」と言い、そのろう者のご両親のもとで育った子どもを、「コーダ（CODA=Children Of Deaf Adult）」と言います。〝耳が聞こえない大人の子どもたち〟といった意味です。

ある正月の講演会に、コーダであるOさんをお招きしました。Oさんは、都市部に新しいお寺を建てる活動をしている人です。

まずは、Oさんのお話のお裾分けをしましょう。

両親は鹿児島で理容店を営んでいます。

あるとき仕事中、お客さんの横でお母さんがオナラをしたそうです。ところが耳が聴こえないので、音が出たかどうかがわからない。

するとお母さんは、同じく音を聴き取れないお父さんの仕業にすべく、

「お父さんったら」

と連れ合いの背中を叩いてごまかした。叩かれたお父さんは、何のことやら…。

Oさんはその話を、後日、笑い話として聞いたそうです。

わたしはOさんの話を聞いてから、さっそく『コーダの世界――手話の文化と声の文化【シリーズ　ケアをひらく】』（澁谷智子著　医学書院）を購入しました。

ろう者には「ろう文化」があり、言葉以外の表現で日常生活を体験していることが紹介されていました。聴者は言葉を第一言語として活用しますが、ろう者は多くの場合、

手話を第一言語としています。

そのろう者を親にもつコーダの体験談として、次のようなことが書かれていました。

主人がね、「おもしろいね」って言うのよ。「結婚して十五年ぐらいは、夜眠っているときも手が動いていたよ」って。自分では気づかないいんだけどね、やっぱり寝言が手話になっているみたい。

（三二頁）

〝寝言が手話に〟これが手話を第一言語とする人なのです。

それともう一つ興味深かったのは、ある女性が書いていた体験です。

わたしの両親の耳が、他の大人たちと違って不自由だと気づいたのは、わたしが小学校二年生のころでした。そして親と会話をするのに、わたしの家だけ手話を使うことも…

（一八三頁）

とありました。

幼児期の環境体験は他と比べようがないので、どのような状態であっても〝それが当たり前〟なのです。わたしはその当たり前のなかで、あればあることで悩み、なければないことで悩み続けています。

この〝当たり前〟のなかにあることは、意識されにくいものです。本を読みながら思ったことの一つが、〝当たり前〟のなかにある多様性です。

この〝当たり前〟は〝当たり前〟ではなく、そのなかにある多様性を受け取る行為が合掌です。合掌とは、両手を合わせて胸の中央に軽くつけ、指を揃えて約四五度上方に伸ばす作法です。この合掌は、お願いするときの行為と理解しがちですが、本来は「手」偏に「合」と書いて〝拾う〟という文字になります。〝拾う〟とは、〝すでに恵まれている〟ことへの気づきです。

わたしが住職を務めているお寺の総代・Sさんが亡くなったときのことです。前立腺がんで入院して一年半後、お別れが近い状態となりました。病院の数少ない個室に移され、その個室に約二か月入っておられました。ひと月経つと、なにを語りかけても反応しない状態となりました。それでも再々病院を訪ね、その個室で二、三十分、無反応のSさんに触れながら念仏を称えて過ごしました。

念仏を称えながら常に思ったことがあります。

すべてのいのちあるものを摂め取る法のはたらきを阿弥陀仏と言います。その法のはたらきが『仏説無量寿経』には、法蔵菩薩がすべての人をみそなわし、すべての人を仏にするという願いを建てて、願いどおりの如来になったという説話によって説かれています。念仏を称えながら思ったことは、法蔵菩薩が、すべての人の可能性をご覧になったとき、その菩薩の目の前には、こうした今まさに死に至ることを待つしかない人々が、累々とあったにちがいないということです。その人たちを前にして、法蔵菩薩は無条件に救うという如来に成られました。

その一か月間は、Sさんの存在を通して阿弥陀さまの肌の温もりを直接感じるといった尊い時間でした。最後の二日間は、「正信偈」をお勤めし、やはり十五分くらい念仏を称えました。帰り際、ドアの前でわたしは自然に、眠っているSさんに手を合わせ頭が下がりました。弱く空しく終わっていく存在を通して、弱く空しく終わっていくものを摂め取るという最も豊かな存在に触れていたのです。
人の多様性には、まさに消えゆくいのちの現実もあります。そのいのちをも受け入れるやさしさに出遇っていく。逝く人も送る人も、ともにこのやさしさに開かれていることが重要です。それが、わたしの多様性を受け入れることなのです。

あればあるで悩み、なければないで悩む。それがわたしです。

しかるに世《よ》の人《ひと》、薄俗《はくぞく》にしてともに不急《ふきゅう》の事《じ》を諍《あらそ》ふ。
（『仏説無量寿経』、『註釈版聖典』五四頁）

薄俗――うすっぺらなありさま。

柴田鳩翁《きゅうおう》（江戸時代後期の心学者）の『鳩翁道話』（人倫について説いた道徳の書）に、「金《こん》平糖《ぺいとう》の壺」という話があります。

ある町内で婚礼振舞《ぶるまい》がありました。そこで年寄りが集まり、いろいろなご馳走が出ました。

一人の酒を飲めない年寄りが退屈そうにしていたので、亭主が気の毒に思って「チトお菓子なりともお取りくだされ」と古染付《こそめつけ》の伝来の壺に金平糖を入れて、その年寄りの前へ持ってきた。座中も、「これはよいお心遣いじゃ、どうぞお菓子を召しあがられよ」と勧めた。年寄りも、「では頂戴します」と壺に手首を入れた。そして摘み出そうとすると手首が抜けない。

回してみても引っぱってみても抜けずまごついていると、周りは「どうなされた」と騒ぎになった。一人が向こう側へ回って壺を引っ張ってみたりもする。その騒動に一同はどっと笑うが、その年寄りは笑わず泣き顔になって、「どうにも抜けません」と言う。座は大騒ぎになり「医者を呼んでこい」「骨接ぎではどうだ」と、酒宴の興も覚め果てた。

すると、ある一人が「そう騒がれるな」と言って、次のような話を始めた。

「司馬光《しばこう》（十一世紀、中国北宋代の儒学者・政治家）という人が、幼いとき大勢の子どもたちと大きな壺の周りで遊んでいると、一人の子が誤って壺にはまってしまった。すると、他の子たちはこれを見て逃げてしまったが、司馬光一人は逃げず、手ごろな石を拾って彼の壺へ投げつけたところ、壺は割れて子どもは助かったという。この年寄りのご様子はこの話に似ているから、わしが司馬光の代わりに、その壺を砕こう。その壺がいかほど高価な品かは知らぬが、この方の腕には代えられまい」と、持っていたキセルで打ちくだいた。金平糖が雪のように飛び散り、年寄りの手は自由になった。

ところがその手を見れば、抜けぬは道理、手にはたくさんの金平糖を掴んでいた。

（『鳩翁道話』一二〇頁、岩波文庫）

ありそうなエピソードです。自分が握っているものによって自分が苦しむ。自分が何を握っているかは、なかなか気づかないものです。これは〝幸せ〟も同じです。

過日、ある少年院の在院者の思いを綴った作品集『母へ　父へ』をいただきました。最初にこんな言葉がありました。

「母さん、お元気でしょうか。あんなに嫌いだった煮物が食べたいです。帰ったらつくってください」

相も変わらぬ食卓の煮物、その煮物には母の愛情がいっぱい詰まっていたことに初めて気づきます。

次に、父への思いを綴っています。

「どんな思いで審判の席に座っていたのか。どんな思いで〝少年院で頑張ってこい〟と言ったのか。本当にごめんなさい」

願われている自分へ気づき、父や母のまなざしのなかにある〝わたしの存在〟を思うのです。

人は、思いどおりにならない状況のなかでこそ、自分が握りしめているものや気づかなかったことが明らかになるのです。

当たり前という闇と、当たり前という恵み。

違いのなかで見出される生き方

青色《しょうしき》には青光《しょうこう》、黄色《おうしき》には黄光《おうこう》、
赤色《しゃくしき》には赤光《しゃくこう》、白色《びゃくしき》には白光《びゃくこう》ありて、
微妙香潔《みみょうこうけつ》なり。

（『仏説阿弥陀経』、『註釈版聖典』一二二頁）

微妙香潔――このうえない清らかな香り。

現代日本は〝富裕化社会〟と言われ、ものが溢れている時代です。物質的に恵まれた富裕化社会は、欲望追求・個人化志向・私事化が進行していくと言われています。〝私事化〟とは、社会や会社などよりも私的なことを大事にするということです。

そうなると、家族の嗜好《しこう》もバラバラになっていきます。昔は同じテレビ番組を観て共有していた歌や話題などもなくなって、家族機能自体がアウトソーシング化（外注化）しています。十五年ほど前に読んだ『母恋旅烏』（荻原浩著　小学館文庫）に描かれていた〝主人公が家族全員を巻き込んで、レンタル家族派遣業を営む〟という話が、現実のことになりつつあります。

宿題を請け負う会社から、「聴き屋（愚痴を聞く仕事）」「叱り屋」などという商売もあります。インターネットで検索すると、「叱られたい方のご自宅へ派遣・出張」というものがあり、オプションで「男性・女性選択可・服装等の指定可」とありました。「叱り屋」があるなら「褒め屋」もあるにちがいないと。やはりありました。〝一〇分二〇〇〇円〟でした。

「レンタル家族」について、インターネットでは過去にあった実例が紹介されています。

・彼氏の両親に親を会わせることになったが、両親が離婚していることを言えず、代わりに同席してほしい。
・仕事でミスを犯してしまい、同行して謝罪してほしい。

・婚活練習のため、彼女としてデートしてほしい。
・結婚式・披露宴の親・親族役をしてほしい。
・運動会での夫役をしてほしい。

など、さまざまに需要があるようです。

もしや「爪切り屋」もあるのではないかとインターネットで検索すると、爪切り専門店の紹介があり、こちらは東京や大阪に立派な店舗を構えています。足の爪が変形して困っている人がいるようで、そういったケアもしてもらえるようです。

限りなく家族の機能が外注化していくと、ますます大事になるのが同じ価値観の共有です。同じ場所に座って同じ仏さまを礼拝《らいはい》する、同じ先祖を仰ぐ家族である、同じ食卓で食事をする。こんな、昔は当たり前であったことが、いま、最も大事なことになっています。

同じ方向に向かって生きる。浄土真宗の仏道は、阿弥陀仏の願いのなかにすべての人が違ったままに摂取されていく教えです。この〝共に〟という価値観を、いま一度考えなおす必要があります。

『仏説阿弥陀経《ぶっせつあみだきょう》』には、浄土の姿が描写されています。「青色の蓮の華には青の光が、黄色の蓮の華には黄い光が、赤色の蓮の華には赤い光が、白色の蓮の華には白い光がある」と、それぞれの個性を認めています。そして最後に、「微妙香潔なり」と〝全体がかぐわしい香りに満ちている〟とあります。

孤独化の傾向が強まる現代にあって、人と人を結ぶこの全体の概念、大きなものとつながっているという考え方が安心を育んでくれます。どのようなわたしであっても、同じ清らかな香りのなかに安心できる、その清らかな香りこそが、「阿弥陀如来」です。

同じ清らかな香りのなかで、安心してわたし自身を生きる。

本《ほん》願《がん》招《しょう》喚《かん》の勅《ちょく》命《めい》なり。

（親鸞聖人『顕浄土真実教行証文類』行文類、『註釈版聖典』一七〇頁）

本願招喚の勅命――人びとに、「帰命せ（まかせ）よ」と命じる阿弥陀仏の喚《よ》び声。

このような寓話があります。

遠い異国の、鄙《ひな》びた海辺の村でのこと。海岸に近い、丘の上の基地の砲台で、毎日きっかり正午に号砲が鳴り、誰もがそれで時間を合わせるのが何百年もの慣わしになっていた。（中略）正午の号砲のおかげで村人たちの生活は安定し、一定の速さで進み、仕事の打ち合わせからデートの約束に至るまで、あらゆることを計画するのに使われた。

さて、この古い伝説はこんなふうに展開する。一人の十代の少年が、ふと疑問を抱いた。「あの大砲はいったいどうやってちょうど正午だとわかって、その時刻に鳴るんだろう？」ある日、彼は丘を登り、砲兵に尋ねた。「どうやって毎日ちょうど正午に号砲を鳴らしているんですか？」砲兵はにっこり笑って、「隊長の命令で鳴らしているんだよ。一番正確な時計を見つけてそれを手に入れ、その時計の時間がいつもちゃんと合っているように管理することも、隊長の仕事なんだ」と答えた。それを聞いた少年は隊長のところへ行ってみた。隊長は、精巧に作られ、正確に時を刻むその時計を、誇らしげに見せた。「じゃあ、この時計はどうやって合わせるんですか？」「週に一度、町まで散歩するときに、いつも同じ道を行くんだ。すると必ず町の時計屋の前を通る。そのとき立ち止まって、時計屋のショーウインドウに飾ってある立派な古い大時計に、この時計を合わせるんだ。町でも大勢の人が、この大時計を使って時間を合わせているんだよ」。

次の日、少年は時計屋を訪れ、「ショーウインドウの大時計の時間は、どうやって合わせてるんですか?」と尋ねた。時計屋はこう応じた。「そりゃあ、このあたりの誰もが使ってきた一番確かな方法だよ。正午の号砲で合わせるのさ!」

(ロバート・P・クリース著『世界でもっとも正確な長さと重さの物語——単位が引き起こすパラダイムシフト』八〜九頁、日経BP社)

面白い話です。この寓話は、わたしたちの物差しである〝常識〟を風刺しているのです。多くの人が、この〝常識〟なるものを拠りどころとして過ごしています。その生きざまが新しい常識をつくっていくのです。常識は、常に〝その時代(のみ?)の常識〟であって、その物差しの不確かさまではなかなか気がつかないものです。

しかし、阿弥陀さまの物差しから見ると、その常識の世界は、

よろづのこと、みなもつてそらごとたはごと、まことあることなき

(『歎異抄』後序、『註釈版聖典』八五四頁)

の世界であるようです。

親鸞聖人は、阿弥陀如来を「畢竟依《ひっきょうえ》」であると讃えておられます。

「畢竟依」の「畢」を『漢和辞典』で調べてみますと、「ことごとく」とあり、「竟」は、「最後の境界までとどく」とあります。「畢竟依」とは、すなわちすべての人の究極の拠りどころということです。

〝いつでも、どこでも、どのような状態にあっても〟わたしの支えとなってくださる〝教え・はたらき・ぬくもり〟が阿弥陀さまです。

変わりどおしのわたしが変わらないわたしになるのではなく、変わりどおしのわたしをそのまま受け入れてくださる阿弥陀さまの大悲にゆだねて生きるのです。

南無阿弥陀仏は、凡夫のわたしを摂め取ったという阿弥陀さまの勝利宣言です。

わたしが称える「南無阿弥陀仏」のお念仏は、

「間違いなく、そなたを救い取ったぞ」

という阿弥陀さまの勝利宣言である。

「諦め」の強さとやさしさ

実諦《じったい》は一道清浄《いちどうしょうじょう》にして二《ふた》つあることなし

（『涅槃経』、『註釈版聖典』一九五頁）

実諦——究極の真実。
一道清浄——すべての人を覚りに至らしめる唯一無二の清らかなはたらき。

医師であり住職でもある知人から、「千葉で終末期にある女性が、僧侶に会いたいと言っている。どなたかいらっしゃいませんか」というメールをいただきました。わたしがうかがうことにし、担当である訪問緩和ケア医のI医師と連絡を取って、Kさんという患者さんにお目にかかることになりました。

Kさんは、手術後の胃がん再発で治療を断念して、訪問ケアを受けておられました。

I医師の電話では、病状はかなり深刻な状態にあり、在宅緩和ケアで看護師が訪問すると、毎回二、三時間にわたり悩みを話されるとのことでした。

早速、Kさんと連絡を取りご自宅にうかがいました。以下は、その日の夜、I医師に報告したメールの内容です。


子どものときからのことを取りとめもなく語るKさんは、いまの惨めな現実の原因はどこにあるのかといった回想をされているようでした。

家庭や人間関係のなかに生じている不幸の原因は自分にあったという後悔と、では自分はどうすれば素直な自分になれるのか。諦め切れない悔しさ、やり直せたらやり直したいという思い。この現実をどう考えたらよいのかと悩み、受け入れ切れない、いま。こんな思いや後悔を持ちながら死んでいかなければならない不安、などなど。

どうしたらいいのかという悩みについての回答を求めているといった具合でした。

話のなかで、〝不満とやり残したこと〟〝これらについてどうにかしたい〟〝なぜわたしがこんなに苦しむのか〟ということを投げかけられたので、わたしは「それは欲が深いからです」と率直に言いました。

それから十分くらい会話をしていたら、突然「わたしはなぜこんなに欲が深いのか」と大きなため息をつかれました。成果と言えばそこだけ、といった傾聴と会話に始終しました。


Kさんとの面談は、それ一回のみでした。

その後、I医師からメールが届きました。


Kさんは、ご家族に看取られて亡くなりました。心の葛藤は最後まで続いていましたが、次第に険しさ、厳しさは和らいでいきました。特に西原様のお話のなかで安心する部分があり、過日もご連絡したように、以後、明らかにある種の変化が感じられました。

厳しい状況のなか、最後まで自宅での療養を継続できたのは、患者さん、ご家族、そしてわれわれを支援してくださる西原様をはじめとする皆様のおかげと感謝申しあげます。

Kさんとの面談は二時間四十五分くらいでしたが、抱え込んでいてどうにもならない苦悩を吐露されました。そのエネルギーの源泉は、怒りであったようです。そして、どうにかしてほしいと仰ぎ見るようなまなざしでわたしを見て言われたのが、「なぜ、わたしはこんなに苦しまなければならないのか」という言葉でした。わたしの心中は逃げ場のない状況で、本当のことを言うしかありませんでした。問われたKさんも真剣な形相でしたし、答えたわたしも相手の目を見て真剣に答えました。それが「欲が深いからです」という言葉でした。

Iさんは、一瞬、予想外の言葉であったのか、思考停止したような間が生じました。そして思考を取り戻して、また同様に怒りの言葉を口にされました。しかし、それから十分ほどして大きなため息とともに、「自分はなぜこんなに欲が深いのか」と言われたのです。その十分の間に自問自答を繰り返しながら、変化していったのだと思います。

その変化は、断念の「アキラメ」か、ものごとの本質を明らかに極めた「諦め」かはわかりませんが、その「あきらめ」に少し近づいたという変化だと思いました。〝苦しみの正体を見た〟という割り切ったものではないでしょうが、それに近いものだったのでしょう。

本当のことが明らかになると、人は迷いがなくなります。わたしの上に、わたしの本当のことを明らかにしてくださるのが阿弥陀さまです。阿弥陀如来の清らかさには、何ものにも染まらないという強さと、どのようなものにも染まっていけるというやさしさがあります。

そのやさしさのなかに安住して生きるのです。

阿弥陀如来の浄らかさには、何ものにも染まらないという強さと、どのようなものにも染まっていけるというやさしさがある。

至心《ししん》に回向《えこう》せしめたまへり。

（親鸞聖人『顕浄土真実教行証文類』「信文類」、『註釈版聖典』二一二頁）

至心――阿弥陀さまが人々を救済せんとする真実のこころ。
回向――成仏する要因を他にふりむけること。

子どもの生きる意欲をどう育むか。親が子どもに小さいころから早く結果を求めることから、生きる意欲そのものが損なわれている気がします。

人が行動を起こす動機づけに、内発的動機と外発的動機があります。外発的動機づけの一つが報酬です。

たとえば、計算が好きな子がいたとします。親に言われるまでもなくいつも計算問題を解いています。特にご褒美などなくても、好きだから計算問題をしているのです。この好きだからという動機が内発的動機です。

好きだから計算問題を解いている子に「問題がたくさん解けたら千円のご褒美《ほうび》をあげるよ」と伝えると、子どもはもちろん喜んで問題を解きます。そして千円のご褒美をもらいます。次の日、「今日も問題がたくさん解けたらご褒美をあげるけど、今日は五百円しか持っていないから、ご褒美は五百円」と伝えます。子どもは、ちょっとだけ物足りなさを感じながらも、好きだから問題を解いて、そのご褒美をもらいます。その次の日は、ご褒美はもっと減って百円。そしてさらにその次の日には、「もうお金がなくなっちゃったからご褒美はあげられないんだ、ごめんね」と伝えて、ご褒美はもらえなくなります。

もともと、計算問題を解くのが好きだという内発的動機に基づいてやっていた行動が、お金という外的報酬のためにやるということを経験すると、内発的動機が損なわれてしまうというのです。

この現象が、社会心理学で言われる「アンダーマイニング効果」です。

どうも現代は、内発的動機づけよりも外発的動機づけに満ちていて、子どもの成長にとって最も大切な〝生きる意欲〟が損なわれているように思われます。〝好きだから〟というシンプルな子育ても重要です。

人間の恥じらいにも、内発的なものと外的なものがあるようです。外発的恥じらいは、他の人と比較して知ることです。内発的恥じらいは、比較ではなく一人で抱く感情です。浄土真宗の篤信の念仏者を「妙好人《みょうこうにん》」と言います。その一人である磯《いそ》の與市《よいち》さん（椋田《むくた》與市　一八四一〜一八九三）に、次のような逸話があります。

この人が、同じ村の御同行のところへ夏に行った。田舎のことだから、夏は丸裸。お腰だけをまとっているばかりです。その同行の家のお婆さんも娘さんも裸で與市さんと話をしていました。ところが棚の上に茶を入れてある道具がある。それをとってくれるように娘さんにお婆さんがいわれた。娘さんは、ハイ、といってとりに行ったが、少し高い所にあるので背伸びをした。届いたかと思った時に伸びをしたため腰が細くなり、お腰がサラッとおちて、丸腰になってしまった。そこでお茶器を持って来られた時に、「あの時はどうじゃった」と訊《き》くと「どうもこうもない恥かしいばっかりじゃった」と娘さんは顔を赤くして答えた。與市は、「恥ずかしいという思いは、一人でいるときは起こらんからな」と念仏を喜んだ。

（小山法城著『阿弥陀経法話』一八二頁、文化時報社）

與市さんは、日常生活のなかでよこしまなこころが起こったとき、一人でいても「お恥ずかしい」という思いが起こりました。なぜなら、恥ずかしさを思うところには〝阿弥陀さまに見られている〟という事実があり、「恥ずかしいという思いは、一人でいるときは起こらんからな」という言葉になったのです。

阿弥陀如来のまなざしのなかにあるわたしが明らかになる、それは阿弥陀さまの智慧に開かれることです。これが内発的な恥じらいであり、阿弥陀さまに救われるわたしが明らかになることです。

阿弥陀如来の救いを受け入れることは、阿弥陀さまに無条件降伏することでもあります。

阿弥陀如来の救いを受け入れるとは、
阿弥陀さまに無条件降伏すること。

故法然聖人《こほうねんしょうにん》は、「浄土宗《じょうどしゅう》の人《ひと》は愚者《ぐしゃ》になりて往生《おうじょう》す」と候《そうら》ひしことを、たしかにうけたまはり候《そうら》ひし

（親鸞聖人『親鸞聖人御消息』、『註釈版聖典』七七一頁）

ある時、カーラジオから、和辻哲郎《わつじてつろう》博士（一八八九〜一九六〇）の随筆「土下座」の朗読が聞こえてきました。

ある男が祖父の葬式に行ったときの話です。（中略）

癇癪《かんしゃく》持ちではあったが、心から親切な医者として、半世紀以上この田舎で働いて

いた祖父のために、ずいぶん多くの人が会葬してくれました。
式が終わりに近づいた時、この男は父親と二人で墓地の入り口へ出ました。会葬者に挨拶するためです。（中略）彼は父親と二人でしゃがみました。（中略）
やがて式がすんで、会葬者がぞろぞろと帰って行きます。狭い田舎道ですから会葬者の足がすぐ眼の前を通って行くのです。靴を履いた長い裾《すそ》と足袋《たび》で隠された足などはきわめて少数で、多くは銅　色《あかがねいろ》にやけた農業労働者の足でした。彼はうなだれたままその足に会釈《えしゃく》しました。（中略）実際彼も涙する心持ちで、じじいを葬ってくれた人々に、――というよりはその人々の足に、心から感謝の意を表していました。そうしてこの人々の前に土下座していることが、いかにも当然な、似つかわしいことのように思われました。
これは彼にとって実に思いがけぬことでした。彼はこれらの人々の前に謙遜になろうなどと考えたことはなかったのです。ただ漫然と風習に従って土下座したに過ぎぬのです。しかるに自分の身をこういう形に置いたということで、自分にも思いがけぬような謙遜な気持ちになれたのです。彼はこの時、銅色の足と自分との関係が、やっと正しい位置に戻されたという気がしました。そうして正当な心の交通が、やっとここで可能になったという気がしました。それとともに現在の社会組織や教育などというものが、知らず知らずの間にどれだけ人と人との間を距《へだ》てているかということにも気づきました。心情さえ謙遜になっていれば、形は必ずしも問うに及ばぬと考えていた彼は、ここで形の意味をしみじみと感じました。

（『和辻哲郎随筆集』七三〜七五頁、岩波文庫）

この話をラジオで聴きながら、仏教詩人の榎本栄一《えのもとえいいち》さんの詩を思いました。

下座

―自分に―

心はいつも下座《げざ》にあれ
ここはひろびろ

ここでなら
なにが流れてきても
そっと　お受けできそう

（『念仏のうた　常　照我《じょうしょうが》』七七頁、樹心社）

「土下座」とは、相手に恭順の意を表すために地面に跪《ひざまず》いて平伏し礼をすることで、インドの「五体投地」の流れをくむ作法です。本来は最高の礼法のはずが、現代の日本では深い謝罪や請願の意を表す場合に行われ、〝土下座は恥〟とする考え方が定着しているようです。

これは「土下座」という表現からくるイメージの悪さにもよりますが、それはイメージばかりではなく〝自分を低い位置に置く〟〝謙譲の美徳〟といった「精神性」そのものが失われてきていることにも起因しています。

そんなことを考えていたら、新聞のコラムに以前、参議院議員の山谷えり子さんが、ハンマー投げ金メダリストの室伏広治《むろふしこうじ》選手から聞いたというお話を紹介されていました。

私は能、茶道、武道、農作業などに共通する〝沈み〟の感覚を大切にしています。若い選手に〝腹を決めるよう〟に言うと、腹筋を収縮させるだけ。古典を学び、沈みの感覚をつかむことが運動を生み出す上で大切です。

（『産経新聞』二〇一一年十二月二十四日）

この「沈み」の感覚こそ、自分を低い位置に置く精神性なのではないでしょうか。「南無阿弥陀仏」を漢訳すると「帰命無量寿如来」となります。「帰命」とは〝礼拝《らいはい》する、帰依する〟ということで、頭が下がるということです。生活のなかに〝頭が下がる世界〟をもって生きる。家庭に仏壇があるということは、頭が下がる世界を大切にすることの意思表示です。

自分のこころのなかに、また生活空間のなかに頭が下がるものを持っていない。これは現代の病理でもあります。頭が下がるというなかに、自分の愚かさが明らかになり、自分を絶対唯一とするこだわりから解放されていくのです。

人は、自分の愚かさが明らかになるという道筋を通って、
自分を絶対唯一とするこだわりから解放されていく。

悪人の自覚――自己奉仕バイアス

善人《ぜんにん》なほもつて往生《おうじょう》をとぐ。いはんや悪人《あくにん》をや。

（『歎異抄』第三条、『註釈版聖典』八三三頁）

悪人――どのような行によっても迷いを離れることのできない煩悩具足の人。

親鸞聖人のお弟子である唯円房《ゆいえんぼう》によって残された『歎異抄』の聖人の言葉のなかでも、最も聞きなれたフレーズではないでしょうか。どこの世界でも善人は歓迎され、悪人は嫌われます。

普通の理屈で言えば、〝悪人でさえ肯定されるなら、善人はなおさら肯定される〟でしょう。ところが親鸞聖人は、真逆の論理展開をされました。いわく、〝善人が肯定されるのであれば、悪人はなおさらだ〟と。この言葉のキーワードは、〝悪とは何か〟です。親鸞聖人のおっしゃる「悪人」とは、社会において罪を犯した人や道徳を無視する人のことではありません。

仏教でいう「悪」とは、覚りの妨げとなるものを指しています。逆に「善」は、覚りを開く助けとなるものです。欲望や怒り、ジェラシーや慢心は、覚りに至るさまたげとなるので〝悪〟なのです。仏さまを基準として、善悪が定まるのです。

『歎異抄』には、この言葉の後に、

自力作善《じりきさぜん》のひとは、ひとへに他力《たりき》をたのむこころかけたるあひだ、弥陀《みだ》の本願《ほんがん》にあらず。
（『註釈版聖典』八三三頁）

と続いています。

善人とは、自分の力で善を積めると思い、努力は役に立つと思っている、阿弥陀さまの救いに無関心な人のことです。

そして『歎異抄』では、「他力をたのみたてまつる悪人」と悪人を定義しています。他力とは、阿弥陀仏の救いのはたらきのことです。悪人とは、「阿弥陀さまに救われなければならない自分である」と、わたしのなかにある悪が明らかになっている人のことであり、阿弥陀仏のまなざしのなかに映っているわたしが明らかになることです。

人には慢心がつきものです。心理学に「自己奉仕バイアス」という言葉があります。成功の要因はわたしの内面的または個人的要因だと思い、逆に失敗は自分ではコントロールできない状況的原因に帰属させる、こころのゆがみのことです。

たとえば、ある人が釣りに行って大きな鯛を釣ったとします。すると、わが腕前を誇ります。これは日頃よく見かける光景です。では、その釣った鯛を逃がして、「一週間後に同じ鯛を釣れ」と言われたらどうでしょう。逃がす魚に発信機をつけない限り、科学を総動員しても不可能なことです。

逃がした鯛をもう一度釣り上げる確率は、天文学的な数字となります。偶然、鯛を釣り上げた確率も、逃がした鯛を釣る確率と同じ天文学的な確率の数字なのです。それを

〝わたしの腕前〟と誇るのですから、考えようによってはこれほどの慢心はありません。何事も、〝わたし〟というフィルターを通して自分中心に見ていく。そのありさまそのものを悪人と言っているのです。

自己変革して善人になる可能性を探る道もあるかもしれません。しかし親鸞聖人が示した仏道は、悪人の自覚を通して、自分への見切りをつけていく教えです。善への可能性を断念する、それは悪人としてのわたしを見極めることです。

人類最高の真理には、どのような毒であっても薬に変える力がある。

選択の自由とおまかせの自由

浄土《じょうど》の慈悲《じひ》といふは、念仏《ねんぶつ》して、いそぎ仏《ぶつ》に成《な》りて、大慈大悲心《だいじだいひしん》をもつて、おもふがごとく衆生《しゅじょう》を利益《りやく》するをいふべきなり。

（『歎異抄』第四条、『註釈版聖典』八三四頁）

浄土の慈悲――過去・現在・未来を貫いている阿弥陀仏の大悲。

友人が第Ⅳ期のがんであることがわかり、「このままだと余命は一年」と告げられて、抗がん剤による治療を受けています。あるとき、がんの告知を受けてから悶々《もんもん》とするなかで、このように言われました。

「うちは自分と妻に二人の子どもの四人家族でしたが、この四人のなかでもし妻ががんになったらパニックになるし、いまや子どもたちもそれぞれに家族の生活がある。この四人のうちで誰かががんに罹《かか》らなければならないとしたら、自分であってよかった。そう思ったら気持ちが楽になりました」

人は、他の人のことを思いやるやさしさによって、自分が救われていくことがあるようです。

わが家の子どもが幼いころ、わたし自身が蕁麻疹《じんましん》になったことがあります。一昼夜、痒《かゆ》さのために安眠できずにいました。ところが夜明け方、ふと「隣りに眠っている子が、この蕁麻疹に罹っていたらどうなっていただろうか。自分の身に起きていることを言葉にもできず、ただただ泣くばかり。あぁ、この子でなくてよかった。わたしであってよかった」という思いがよぎりました。すると、すうっと安眠が訪れたのです。

「情けは人の為ならず」は、「他人に情けをかけることは、その人のためだけではなく、恩恵は巡り巡っていずれ自分にも返ってくるものなのだから、誰に対しても親切にせよ」というのが原義で、ギブ&《アンド》テイクの要素もあります。しかし、やさしさはギブ&テイクばかりではなく、わたし自身をも救ってくれるようです。

〝やさしさ〟のことを仏教では「慈悲」と言います。「慈」は、仏さまが苦しみ悩んでいる人々に、〝慈しんで楽を与える（与楽する）〟ことを言い、仏さまが〝人々を憐れんで苦しみを除く（抜苦する）〟ことを「悲」と言います。

その仏さまの「慈悲」にゆだねて生きることが、仏教徒の生き方です。現代の世相では横並びの生き方がなくなり、「自己決定の尊重」などと言って〝自分でチョイス（選択）する〟時代です。あらゆるものが自由なのですが、逆に現代人は〝何事も自分で選ばなければならない〟という「自己責任の自由」のなかで、その重圧に喘いでいる時代だとも言えます。そして、この「自己責任」に押しつぶされようとしています。

この「自由」には、二種類あるようです。一つは〝チョイス〟するという自由です。もう一つは〝チョイスする自分からの自由〟です。これは〝おまかせ〟するということです。

現代の聖人と言われるマザー・テレサが亡くなられたおり、テレビの追悼番組で次のような言葉が紹介されていました。

すべてを神にゆだねることは、絶対的な自由を得ることなのです。

〝神への追従〟とは、自分の人生をチョイスできる自由を失うことです。そのとき、じつは、次に来るすべての瞬間を自分の生として受け入れる、ある種の自由が手に入るのです。自分の経験と知性からの自由です。ありのままのいまを受け入れることであり、キリスト教で言えば「みこころのまま」にであり、浄土真宗では「おまかせ」です。大きな願いやはたらき、そして慈しみに開かれることです。

そして〝仏に成る〟とは、わたしの「はからい」から身もこころも自由になることであり、阿弥陀さまの浄土に生まれるとは、すべての人を潤す最高の恵みが開かれていることなのです。

浄土に生まれるとは、すべての人を潤す最高の恵みが開かれてくることである。

第三章　仏法という物差し

もし生《しょう》ぜずは、正覚《しょうがく》を取《と》らじ。

(『仏説無量寿経』、『註釈版聖典』一八頁)

正覚を取らじ――阿弥陀仏とは成らない。

親鸞聖人の「鸞」の話です。中国に、想像上の鳥ですが「鸞鳥《らんちょう》」と名づけられた鳥がいます。

鸞鳥は鶏に似て、羽は赤色に五色をまじえ素晴らしい声で鳴くそうです。京都にある二条城の二の丸御殿の玄関の欄間に、鸞鳥が五羽と松、牡丹が彫られています。

成長した鸞鳥は譬えようもないほど素晴らしい姿なのですが、子どもの鸞鳥はまったく異なった醜い姿なのだそうです。親鳥が雛に餌を与えるとき、雛はそのあまりの美しさに驚いて親とは思わずに逃げまどいます。そこで親鳥は餌を巣に持ち帰るとき、自らの身体を泥沼に浸してから雛に近づくというのです。

親が子どもの身になるとき、子どもの上にある種の化学変化が起こるようです。「阿闍世《あじゃせ》コンプレックス」という言葉があります。これは、古澤平作《こざわへいさく》が一九三二（昭和六）年に発表した『罪悪意識の二種――阿闍世コンプレックス』という論文に始まります。翌年、ウイーン精神分析所に留学し、このときフロイトを訪ねこの論文を提出したとも言われています。

「罪悪意識の二種」とは、罰を受けることで起こる罪悪感と、罪を許されたなかで湧き出てくる罪悪感とがあって、古澤氏はこのことを身近な例を引いて説明しています。

うっかりお皿を割ってしまい粗相をした子が叱られることを恐れ、詫びたのに父親は許さず、あくまでも責め続ける。そのように責め立てられるばかりの子どもは、「これほど詫びたのに許されないのか、自分も人間だから過失もある。もうどうでもいい」と、反抗的な態度に出る。

一方、別の親子をみると、粗相をした子が叱られることを恐れ、こころから詫びると、父親は悪いことをした子どもに注意しながらも、「過失はだれにもあるものだし仕方がない、これからは気をつけるように」と諭して許す。それを聞いた子どもは〝ワッ〟と泣き伏し、「ほんとうに悪いことをした。もう同じ失敗は繰り返さないようにしよう」と、こころに誓う。

このように、親が子どもの身になったとき、子どもは閉ざしたこころを開いていきます。浄土真宗では、阿弥陀さまの無条件の救いを説きます。これは、救いのなかでわたしの愚かさが明らかになるからですが、この愚かさの自覚は、古澤が示す後者の罪悪感に近いものがあります。

ある少年院で教誨師をされているご住職から、次のような少女の歌をうかがったことがあります。

ほほこけし母の笑顔のさびしさに血のにじむまで唇をかむ

補導されて施設に入り定期的に母の面会があるが、ふくよかだった母の頬はやつれ笑顔にも寂しさがただよっている情景を詠んでいます。

〝わたしが罪を犯したため母を悲しませている〟それが「血のにじむまで唇をかむ」という行動になったのです。母の悲しむ姿のなかに、自分の犯した罪の深さを知ります。

〝わたしは母の慈しみのなかに抱かれているのだ〟と気づいたとき、「あぁ、自分が悪かった」と認めることができたのです。〝頬こけし母の姿〟は、娘の存在がそうさせてしまったように、阿弥陀さまの慈しみは、〝わたし〟という存在があるがゆえに起こされたのです。

阿弥陀さまは、そんなわたしを〝救わずにはおかない〟と言ってくださっている、それが阿弥陀如来の存在理由です。

わたしを救う。それが阿弥陀如来の存在理由である。

超世希有《ちょうせけう》の正法《しょうぼう》、
聞思《もんし》して遅慮《ちりょ》することなかれ。

（親鸞聖人『顕浄土真実教行証文類』総序、『註釈版聖典』一三二頁）

聞思して——本願のいわれを聞きひらき疑いためらいをもたないこと。
遅慮——不審に思って前にすすめないこと。

医療に従事しているKさんからハガキが届きました。「正しいって言葉、面白いですね。目から鱗《うろこ》でした」と記されています。わたしの法話が掲載されている冊子とともに、自坊の「寺報」を送ったことへの礼状でした。

その「寺報」に、最近読んだ『日本の言葉の由来を愛おしむ——語源が伝える日本人の心』（高橋こうじ著　東邦出版）という本にあった「正しい」という言葉の解説を転載し、紹介しました。

同書によると、「正しい」の「しい」は、「おいしい」「やさしい」といった多くの語に共通することからもわかるように、形容詞をつくるための台座のようなもので、意味を担うのは、その前の「ただ」です。元々の意味は「そっくりそのままで、ほかの要素が入りこまない」とあります。

無料を意味する「只」も、ただ一人の「唯」も、すなおという意味のある「直」も、いつわりのない誠意をあらわす「忠」も、〝そっくりそのままで、ほかの要素が入りこまない〟ことを表わしています。

わたしも目から鱗が落ちる思いでした。この正しいという理解からすると、「正しい生き方」とは、〝ああなれば、こうなればという、他の要素を付け加える必要のないわたしを認める〟ことにあるようです。

わたしたちは、常に希望をもって何かを成し遂げようと思いながら暮らしています。それは、いまのわたしに他の要素を付け加えようとしている行為です。希望をもつことは大事ですが、それ以上に、「正しい生き方」をするには、他のものを付け加える必要のない〟いま〟に気づくことが重要です。多くの人が目指す正しく生きる方向は、〟強く、賢く、美しく〟です。しかしそれは、正しい生き方ではないようです。

何もつけ加える必要のない、いまに開かれて生きることを可能とするのが「超世希有の正法」であると、親鸞聖人は説かれています。「超世希有の正法」とは、世間の常識を超えて存在する普遍的な法則です。それが浄土真宗という仏道だと言われるのです。いつでもどこでも、どのような状態でも、正しく生きることのできる価値観・考え方が正法ということです。この正法は案外、最も身近で最もやさしい生き方のルールなのかもしれません。

先にも触れましたが、「チンパンジーは絶望しない」と言われています。絶望は、将来に対する希望が断たれることです。チンパンジーは未来を想像するという思考がないので、言われてみれば納得です。これはチンパンジーにとどまらず、人間と他の動物との違いでもあります。

「絶望」を感じるのは〟わたしの無力さに触れる〟ときです。無力なわたしが明らかになることは絶望ともなるが、より大きな希望に開かれるときでもあります。人が新しいステージに立つためには、常に古いステージの断念が伴います。小学生が中学生になるためには、小学生であることを断念しなければなりません。結婚は独身者であることの断念を伴います。

お釈迦さま(仏陀)が覚りを開かれるにあたっては、ある種の断念が伴いました。覚りの智慧を「諦《たい》」という言葉で示すことがあります。「諦」とは、〝真実にして、明らかなること〟を言い、「あきらめる」ことです。「あきらめる」とは、〝明らかに見究める〟ことでもあります。

「絶望」には〝破滅〟というイメージも伴いますが、正しい絶望は、わたしが新しいステージに向かってこころの領域が開かれるための営みでもあるのです。

すべての人を正しく潤すいのちの泉は、苦しみを浄化し、闇を晴らし、迷いを断ち、災いを超える英知を与える。

豊かに願われて生きる

慈《じ》眼《げん》をもって衆《しゅ》生《じょう》を視《み》そなはすこと、平等《びょうどう》にして一子《いっし》のごとし。

（源信和尚『往生要集』、『註釈版聖典』一八四頁）

慈眼――いつくしみのこもった眼なざし。
衆生――いのちある生きとし生けるもの。
一子――ひとり子

『めぐみ』という仏教婦人会総連盟の機関誌に「かおりさんの日常」というマンガの原作を書いていていました。作画は、ますいあけみさんで、主人公はかおりという名の三十一歳の独身女性、京都在住、雑誌社勤務という設定です。

そのなかに「母の日のプレゼント」(『めぐみ』第二三七号掲載)という、次のような物語があります。

かおりさんが朝、新聞に目を通していると、「母の日特集」が目に入りました。記事には、〝母の日のプレゼント・トップ10〟が掲載されています。プレゼントの人気の一位はお花、二位は母の名前入りの品物、三位はスイーツ・お菓子類…。

そして同じページに「母の日の思い出」という投稿記事がありました。その投稿は、母子家庭のお母さんからの投書でした。

〝母の日のプレゼント〟

母子家庭で娘を育てました。その娘が高校一年生になった母の日のことです。初めて娘から母の日のプレゼントをもらいました。少し大きめの箱にリボンがかけてありました。リボンをほどいてフタを開けると、何と箱のなかにさらに小さな箱が五つあり、それぞれの箱にまたリボンがかけてありました。

娘らしいなぁ、と思いながら最初の箱を開けてみると、なかには小さなウエハースが二枚入っていて、手書きのメモも同封されていました。そこには〝若くね〟とありました。ウエハースは赤ちゃんの食べものです。そのウエハースに若さを託したのです。

「いつまでも若くいてほしいのだなぁ」と思いながら、次の箱を開けるとマシュマロが二つとメモ。メモには〝やわらかくね〟とあります。

「歳を取ると身もこころも固くなるので、やわらかな身体やこころでいてほしいのだなぁ」と思いながら三つめの箱を開けますと、手焼きせんべいが二枚と、そこには〝バリバリとね〟と書いたメモ。バリバリはおせんべいを噛み砕く音ですが、その音に託して〝いつまでもバリバリと働くお母さんであってほしい〟との思いが…。

お母さんは、娘から願われていることが思われ、胸にジーンと沁みました。

そして四つめの箱を開くと、おかきが二枚と〝ちょっぴり辛く〟とありました。

〝お母さん、わたしが過ちを犯したときは、どうぞ叱ってください〟そうした厳しいお母さんでもあってくださいという思いです。

お母さんは、涙が込み上げてきます。そして最後の箱を開けると、紅白の角砂糖が二つと〝甘くね〟とありました。

お母さんは、そのときの思いを次のように綴っています。

わたしは、この娘のお父さんが亡くなってから、娘のためにいろいろと願ってきましたが、いままで娘から願われているということに一度も気づきませんでした。考えてみると、娘から願われて母としての役割を果たすことができたということに気づきました。

願われていることに気づいて、まなざしが変化したのです。

そしてかおりさんは、この投書をされたお母さんを取材することになります。約束の日に喫茶店で会って、インタビューしました。そのとき、お母さんは次のように語られます。

夫は、娘が三歳のときに交通事故で亡くなりました。病院へ駆けつけると、夫は一言、「娘を頼む」と言って亡くなりました。以来、わたしは娘のためにと再婚もせず、一生懸命働いて娘を育てました。その甲斐《かい》あって娘は素直に成長し、この春には結婚もしました。結婚式が終わって自宅に戻り、お仏壇を前にして亡き夫に報告しました。

お父さんが急に逝ってから、死ぬ間際に残した「娘を頼む」のあの一言を守って、「この子のために、この子とのために」と懸命に頑張ってきました…。しかしふと気づくと、この子のためにと頑張ってきた思いは、果たして良いこころなのだろうか…。

娘に「わたしはあなたのために頑張ってきた」と言ったとしたら、きっと負担に思うに違いない。口に出して言わないまでも、そんな思いがこころのどこかにあったら、態度に現れるに違いないと気づいたのです。

たのです。

そうです。わたしは娘のために頑張ってきたのではなく、娘がいればこそ頑張れたのです。

まなざしが変わったのです。このようなことは、わたしたちの日常生活でもよくあることです。

阿弥陀さまに出遇うことは、阿弥陀さまの豊かなまなざしを賜ることなのです。

阿弥陀さまに出遇うとは、豊かなまなざしを賜ること。

高原《こうげん》の陸地《ろくじ》には蓮華《れんげ》を生《しょう》ぜず。
卑湿《ひしゅう》の淤泥《おでい》にいまし蓮華《れんげ》を生《しょう》ず。
（『維摩経』、『註釈版聖典』三一九頁）

卑湿の淤泥——じめじめしている池の泥。

私が所属し住職を務める自坊の壮年会の人たちが、毎月、病院と老人福祉施設で、仏教的な話題をテーマにした紙芝居を上演しています。紙芝居の絵は離れていてもよく見えるようにと普通より倍のサイズにし、その分、紙芝居ホルダーも手づくりで大きくしています。

紙芝居を始めたころ、いつもの施設ではなく、わたしが不定期で招かれる老人ホームに紙芝居チームを同伴しました。当時は、わたしが主で〝紙芝居はお伴〟のはずでした。ところが紙芝居の評判が良く、これまでご縁がなかった老人福祉施設からも声が掛かり、それからは紙芝居が主でわたしがお伴で法話をするという、ご縁をいただくようになりました。

先日、久しぶりに紙芝居とともに施設を訪問しました。すると壮年会のメンバーから、

「住職、いつもは紙芝居の後でこれを少し読んでいるんですよ」

と、ある本を見せてくれました。

本のタイトルは、『読み聞かせ　子どもにウケる「落語小ばなし」』（小佐田定雄著　PHP研究所）とあります。実際に紙芝居の後、本に掲載されている小ばなしを参加者に披露しているのです。

集いが終わってその本を手にすると、おもしろい小ばなしがたくさん掲載されています。わたしが一番面白いと思ったのは、「星とり兄弟」です。それは次のようなストーリーです。

弟《おとうと》の次郎《じろう》くんが夜《よる》、道《みち》の真《ま》ん中《なか》で長《なが》い長《なが》い竿《さお》をふりまわしています。それを見《み》た太郎《たろう》くんが、

「おい、次郎《じろう》。なにをしてるんだい」

と声《こえ》をかけると、次郎《じろう》くんは、

「ああ、お兄《にい》ちゃんかい。お空《そら》にいっぱいお星《ほし》さまが出《で》てるだろう。あんまりきれいだから、一《ひと》つたたき落《お》としてブローチにしてやろうと思《おも》ってさ」

「おまえって、ほんとにばかだなあ。お星《ほし》さまって、ずーっと高《たか》いところにあるんだぞ。そんな竿《さお》を道《みち》でふりまわしたって、届《とど》くもんか」

「だったら、どうすればいいのさ?」

「屋根《やね》の上《うえ》へあがれ、屋根《やね》の上《うえ》へ」

（一六二頁）

面白い内容です。竿で星を落とそうとしている弟の行為を「お前って、ほんとにばかだなあ」とたしなめておきながら、「屋根の上へあがれ、屋根の上へ」とアドバイスする兄の言葉。星と地球との距離は地球に住む人が屋根にあがったくらいではまったく変

わるものではないと知っている、読者の笑いを誘うのです。小ばなしを読みながら、ふと仏さまとわたしとの距離のことが思われました。

仏教では、仏さまの覚りに近づく行為を「善」と言い、覚りに近づく妨げとなるものを「悪」と言います。わたしの煩悩は、覚りに近づく妨げなので「悪」なのです。

この悪である煩悩を取り除いて覚りに近づくのが、一般仏教の考え方です。しかし仏教のなかには、人間の抱く欲や怒り、愚痴などの煩悩は人間性そのものであり、その人間の愚かさを認めていこうという仏道もあります。それが浄土真宗の阿弥陀さまのみ教えです。

親鸞聖人は、このわたしを「煩悩具足《ぐそく》の凡夫」であると示されました。「具足」とは、十分過ぎるほど完全にそなわっていることであり、欠け目がないということです。この煩悩を取り除いて覚りに近づく。その努力は、先の「星とり兄弟」の兄が「屋根の上へあがれ」とアドバイスしたようなもので、目的に至ることはないということです。

浄土真宗のみ教えは、わたしの煩悩を除いて覚りに至るのではなく、阿弥陀さまが煩悩具足のわたしを摂め取る慈しみの如来となって、わたしの身の上に至り届いてくださっているという仏道です。蓮華が泥中に咲くように、阿弥陀さまの凡夫を救うという大悲は、救われなければならないわたしの上に「南無阿弥陀仏」のお念仏となって、そのはたらきを現すのです。

「南無阿弥陀仏」とは、阿弥陀さまのお名前であり、その名のり、存在の証です。なぜ南無阿弥陀仏が阿弥陀さまの名のりであり、存在の証なのか。それは、阿弥陀仏がわたしのために選び与えてくださったお手回し（手段）だからです。

わたしたちのこの閉ざされた闇に対応した南無阿弥陀仏が智慧と慈悲となって、わたしの煩悩の穢れを浄化してくださるのです。

わたしたちの無明に閉ざされた闇に対応して、
阿弥陀さまの光は生じた。
その光が煩悩の穢れを浄化してくれるのだ。

「この世では覚れない」者の救い

自身《じしん》は現《げん》にこれ罪悪生死《ざいあくしょうじ》の凡夫《ぼんぶ》、曠劫《こうごう》よりこのかたつねに没《もつ》し、つねに流転《るてん》して、出離《しゅつり》の縁《えん》あることなし

（親鸞聖人『愚禿鈔』、『註釈版聖典』五二一頁）

常に流転——迷いの生を続けていくこと。
曠劫よりこのかた——始まりがない昔から。
出離の縁——迷いの世界を離れる手がかり。

浄土教は、この世で覚ることを断念し、浄土での覚りをめざすものです。

〝この世での覚りを断念する〟と言うと、何か劣ったイメージを持たれるのではないで

しょうか。じつはこの世での覚りを断念するとは、この世で覚れない人でも認めていこうとする考え方に立っています。

これは、カウンセリングと似たところがあります。カウンセリングの目的は、その人の生き方の方向を変えることではなく、生きる幅を広げることです。マイナスからプラスへ方向を変えるのではありません。不登校で言えば、学校に行かせることではなく、行きたい気持ちも行きたくない気持ちも理解することです。カウンセラーが学校に行かせようという気持ちが強いと、学校に行けないその人の気持ちの受容を妨げてしまいます。

一つのゴールを決めることは、それ以外のその人の思いを排除することになります。その人のすべての可能性を受け入れる、そのためには一つのゴールやあり方を決めずに、その人のありのままを肯定することから始まります。

その人のすべての可能性を認めるためには、〝この世で仏になる〟ことを断念することが重要です。こうあるべきという理想を持たないことです。浄土教の〝この世では覚れない〟という人間理解は、一見、自分の生き方を否定した言葉のようですが、〝この世では覚れない〟存在をも認めていこうとする教えなのです。

それを可能にするのが、「覚れないままに浄土に生まれて仏に成る」という阿弥陀さまのお慈悲の世界です。

「浄土教」とは、自身の存在への悲しみを通して、その悲しみに相応してくださっている阿弥陀さまの大悲に出遇い、その大悲のなかに悲しみの存在が肯定されていく教えです。

悲しみが深まっていくということがあります。人と比較してわたしは劣っていると悲しみ、自己洞察が進んでいくと、人と比較してしか考えることのできないわたしを悲しむことになります。次に、その悲しみを悲しみと知りながら、その存在を厭《いと》うことのできないわたしが洞察されていきます。

それゆえにその深い悲しみの底で、大いなる悲しみをわたしに寄せてくださっている阿弥陀さまの大悲に出遇うということがあるのです。

救われ難いわたしが明らかになるという覚醒《かくせい》が、阿弥陀さまの大悲心にはある。

十方微塵世界《じっぽうみじんせかい》の
念仏《ねんぶつ》の衆生《しゅじょう》をみそなはし
摂取《せっしゅ》してすてざれば
阿弥陀《あみだ》となづけたてまつる
（親鸞聖人『浄土和讃』、『註釈版聖典』五七一頁）

微塵世界――塵《ちり》の数ほどある無数の世界。
衆生――いのちある生きとし生けるもの。
摂取――阿弥陀さまが慈悲の力によって人々を受け入れて救うこと。

わたしの価値観である〝豊かさ、願い、幸せ〟とは、言い換えれば〝強く、賢く、美しく〞という、いわば〝弱肉強食でプラス志向〞の思いであり、欲望です。それに対する阿弥陀さまの〝豊かさ、願い、幸せ〞は、〝弱く、愚かで、はかない〞ものを、どこまでも摂め取っていくという方向にあります。その豊かさ、願いの極まりが、慈しみの仏である阿弥陀さまです。

このわたしの意識がその阿弥陀さまの願いや思いに開かれていくとは、わたしが弱く愚かで醜い状態にあっても、阿弥陀さまの慈しみによって「そのままで良いのだよ」と受け止められていくようになることです。

『日本書紀』に、「徳・慈・恩沢《おんたく》」は〝うつくしび〞と訓読されています。「うつくしび」とは〝すべてのものをいとおしむこころ〞を言ったようです。この「うつくしび」が、平安初期以降、小さいものや幼いものに対する「かわいい」「いとおしい」といった感情を表す表現となり、一方「うつくしい」は、平安末期頃から「きれい」を意味するようになったようです。

その〝うつくしい〞ものを具体的に表現したのが仏像です。仏像の本質は、弱く愚かなものを見捨てることなく抱きとる美しさであり、その極まりが阿弥陀さまです。親鸞聖人のご和讃には、「摂取して捨てないはたらきを阿弥陀という」とあります。

「名前」には興味深いものを覚えます。『生きものの名前のなぞ』（国松俊英著　岩崎書店）に、動物の名前の由来が記されていました。

その本によれば、名前のなかでいちばん多いのが、その動物の生活や行動の仕方（習性）からつけられたものだそうです。たとえば、「イヌ」はいつも人間の側に〝居る（居ぬる）〟ことから、「クマ」は冬の間、木の根元や岩陰などの〝奥ま（隈）った〟穴にもぐって冬眠することから、「カワウソ」は古語の〝カワオソ（川に棲む恐ろしい動物という意味）〟が転訛《てんか》して、「サル」はいつも仲間とふざけ合って〝戯《ざ》れ〟合っているところから転訛してサルになったとあります。

姿かたちから名づけられた動物もあります。「ウサギ」は薄毛から〝薄い毛のけもの〟の意味なのだそうです。またトンボは、羽が透きとっていて、まるで〝棒が飛んでいる〟ように見えることから〝とぶ棒〟になり、トンボになったと。

また、人間の都合によって名づけられたものもあり、「イモリ」は〝井戸を守り〟、「ヤモリ」は〝家を守り〟ながら、人間と共存して暮らしてきたようです。「ニシン」という魚は、内臓は〝魚かす（肥料）〟に、背肉は身を二つに分けて食用に加工したことから〝ニシン（二身）〟という名がついたとも言われています。

「阿弥陀仏」というお名前の由来は、〝すべてのいのちあるものを摂め（救い）取る〟という「法（ダルマ＝真理）」のはたらきをしていることから、「アミダ」と言うのです。

「摂取」とは、生き物がものを食べたり、飲んだり、吸い込むなどして〝体内に吸収する〟ことを称しています。「アミダ」という如来は、いのちあるすべてのものを〝アミダとなさしめる仏さま〟です。

「アミダ」とは、すべてのいのちを肯定する〝光〟であり、〝願い〟であり、〝はたらき〟です。その光は、この上ないメロディーのように、すべての人に、やすらぎと喜びを与えているのです。

阿弥陀とは、すべてのいのちを肯定する光であり、願いであり、はたらきである。
その光は、この上ないやすらぎと喜びを与えてくれる。

底下《ていげ》の凡愚《ぼんぐ》となれる身《み》は
清浄真実《しょうじょうしんじつ》のこころなし
（親鸞聖人『正像末和讃』、『註釈版聖典』六〇三頁）

底下の凡愚――煩悩にまみれた愚かな悪人。

田植えされた苗は、成長とともに一本の苗が根元から分かれて増えていきます。これを「分《ぶん》けつ」と言います。これはイネ科植物の子孫を繁栄させるための戦略です。通常、植物の成長点は茎の先端にあり、細胞分裂して新しい細胞を上へ上へと積み上げていきます。しかしそれでは、草食動物に茎の先端を食べられてしまい、成長が止まってしまいます。そこでイネ科植物は、まったく逆の発想で、成長する仕組みをつくったのです。

それは成長点を下に配置するという戦略です。成長点が株元にあるため、葉の先端をいくら食べられても成長を続けることができます。それと同時に、イネ科植物は成長点を次々に増やしていく道を選び、押し上げる葉の数を増やしていったのです。

この成長点の特質は他の作物でも言えるようです。ラジオのある番組で、「熟成ジャガイモ」を紹介していました。「熟成ジャガイモ」は糖度が高く、美味しいということでした。

食べ物が腐らないようにするには〝甘さ・辛さ・塩辛さ〟を加味することが必要です。ジャガイモを低温で長く保存しておくと、腐らないようにするために自らで澱粉《でんぷん》を糖分に変換して、保全をはかるそうです。またそれ以上に零度に近い環境におくと、低温糖化といって自分が凍らないように内部の澱粉を分解して糖をつくりだす。その熟成によって糖度は十四度になるとのことでした。糖度を増す成長点が、〝腐る・凍る〟という歓迎されない状況下にある。先の成長点が下部にあることと似ていて面白く思われました。

これは人間についても言えます。人間の成長点は、ものごとが順調に進んでいる最先端で見ることができます。この成長点が下にあるという原理は、人間の成長点は〝苦しみや思いがままにならないマイナスの状況のなか〟にもあることということです。異次元への成長ポイントは下の下の下、絶望的な状況のなかにこそあるようです。

曹洞宗《そうとうしゅう》の開祖・道元《どうげん》禅師の説示を弟子の孤雲懐奘《こうんえじょう》が随時筆録した『正法眼蔵《しょうぼうげんぞう》随聞記』のなかに、道元禅師が述べた古人の言葉の引用として、

古人《こじん》の云く、百尺《ひゃくしゃく》の竿頭《かんとう》にさらに一歩《いっぽ》をすゝむべしと。

(『正法眼蔵随聞記』一二四頁、岩波クラシックス35)

とあります。百尺竿頭の「竿頭」とは、竿の先のことです。

その竿の先端まで上り詰めたら、その先にはどうすれば進めるかという問いです。ところがこの問いは、進めない先を歩めというのです。これは、〝自分が拠りどころとしているもの(竿)から手を放す〟ことを意味しています。絶望的な状況は、まさに竿頭を進むという状況です。

都々逸《どどいつ》という江戸末期から謳《うた》われる「情歌」があります。男女の情をテーマにした、たとえば、

遠くはなれて　会いたいときは
月が鏡に　なればよい
（中道風迅洞《なかみちふうじんどう》著『二十六字詩　どどいつ入門―古典都々逸から現代どどいつまで』九四頁、徳間書店）

というような粋《いき》なものが多いのですが、そうした都々逸に、わたしの好きな次の唄《うた》があります。

あきらめましたよ　どうあきらめた
あきらめきれぬと　あきらめた

（柳家紫文《やなぎやしもん》著『人生に役立つ都々逸読本《ドドイツとくほん》―七・七・七・五の法則―』七一頁、海竜社）

「あきらめきれぬと　あきらめる」とは、「覚れぬわたしであると覚る」ということと同じ意味です。

ここに、わたしをプラス志向に向上させる方向ではなく、成長への断念によって達成される世界があります。わたし自身に絶望するとは、自分自身への執着から解放されるときなのです。完全無欠を求めて生きるよりも、不完全な自分に目覚めているほうが真実に適っているのです。

完全無欠を求めて生きるよりも、不完全な自分に目覚めていくことが真実に適っている。

大悲の源——願いとはたらき

如来《にょらい》の作願《さがん》をたづぬれば
苦悩《くのう》の有情《うじょう》をすてずして
回向《えこう》を首《しゅ》としたまひて
大悲心《だいひしん》をば成就《じょうじゅ》せり
（親鸞聖人『正像末和讃』、『註釈版聖典』六〇六頁）

如来の作願——阿弥陀仏のすべての人々を救済したいという願い。
有情——生命をもって存在するもの。
回向——あらゆる功徳を救いのために与えることを第一とすること。
大悲心——南無阿弥陀仏の名号のこと。

地球が生まれたのは、おおよそ四十六億年前であるとされています。当時の地球の大きさは、現在の十分の一ほどであったそうです。地球を取り巻く十数個の惑星が次々に衝突を繰り返し、その衝突のエネルギーによって、地球はマグマの星となったようです。そして最後に、ジャイアント・インパクトと言われる、火星クラスの巨大原始惑星の衝突によって、地球の表層部のマントルが大量にはぎ取られます。このはぎ取られたマントルが地球の周りを回っているうちに集まって塊となり、月になったと言われています。

宇宙が安定して地球のマグマが冷えると、大気の八割を占めていた水蒸気が雨となって降り注ぎました。最初に降った雨は摂氏三〇〇度、一五〇気圧のなかでの出来事です。年間三〇〇〇ミリの雨が二千年間降り続いたとも言われています。その雨が海をつくり、その海のなかでわたしたちのいのちの源となった生命体が誕生しました。

神奈川県小田原市にある「神奈川県立　生命の星・地球博物館」に、三十五億年前の「最古の生命の化石」とされるものが展示されています。すでに光合成を営む少し進化したバクテリアです。以来三十五億年、その生命体は一つの方向性をもって今日に至っているのです。

その方向とは、弱肉強食という、強くあれ賢くあれという願いのなかで、環境に適応し、いまに至ったものです。この弱肉強食のいのちの連鎖は、ミクロの小さないのちから、花の美しさ、人間の賢さまで、すべての生命体にいき渡っている一つの願いでした。

その弱肉強食の連鎖の背後には、弱く愚かに終わっていった生命も無数にあったことは言うまでもないことです。また、強く賢く生き抜いた生命体のなかにも、自然の摂理や自然の猛威のなかで虚しく終わっていったものがあります。その弱く愚かに終わっていったいのちたちが流した涙は、大海の潮よりも多い、と『涅槃経《ねはんぎょう》』に示されています。その涙のなかで終わっていったいのちのなかから、阿弥陀さまの慈しみは起こったのです。


阿弥陀如来という仏さまは、大海のごとき悲しみと苦しみの涙のなかに終わっていったいのちに対して、「強くあれ、賢くあれ」と願うのを止め、弱く愚かに終わっていったいのちをそのままに受け入れて仏と成らしめるという、大悲の如来となることを願われたのです。

お釈迦さまは、この阿弥陀如来の〝すべてのいのちを見捨てることなく救う〟という大慈悲の世界を、覚りの内容として体験されました。そしてある日、「すべてのいのちがありのままに救われていく慈悲の世界があり、その慈しみは阿弥陀如来という仏となってこの世に響きわたっています」というお説教をなさいました。これが『仏説無量寿経』のご説法の核心です。

わたしたち浄土真宗のみ教えをいただく念仏者は、「南無阿弥陀仏」と念仏を称えるなかで、その物語となって示されている阿弥陀さまの願いとはたらきに触れさせていただくことで、〝阿弥陀さまに摂め取られている人生〟を生き、そして浄土に往って生まれるのです。これが「往生」です。

大海のごとき苦しみと悲しみの涙のなかから、阿弥陀如来の大悲は起こったのである。

救われなければならない存在

弥陀《みだ》の本願《ほんがん》には、老少《ろうしょう》・善悪《ぜんあく》のひとをえらばれず、ただ信心《しんじん》を要《よう》とすとしるべし。そのゆゑは、罪悪深重《ざいあくじんじゅう》・煩悩熾盛《ぼんのうしじょう》の衆生《しゅじょう》をたすけんがための願《がん》にまします。

（『歎異抄』第一条、『註釈版聖典』八三一～八三二頁）

熾盛——はげしくさかんなこと。
衆生——いのちある生きとし生けるもの。

わたしの生きる方向性や、願い、喜びは、強く賢く美しくというプラス志向の上に成り立っています。これは、他の人を踏みつけても自分だけは頂上に登ろうという弱肉強食の考え方であり、個人でも会社でも同じことです。誰しも、わざわざ弱く愚かな存在になろうとする人はいません。

このプラス志向は、幼いときからその方向性で育っているので体質ともなっているようです。

子どものプラス志向を発達と言います。少し発達の話をします。

孫娘が幼稚園に入園したときのことです。幼稚園の帰りに娘が孫を連れてお寺に寄ってくれました。孫は、いつもと違う制服姿です。恥ずかしそうな仕草をしてわたしの前にあらわれました。わたしは、孫の恥ずかしそうな仕草を見たのは初めてだったので、羞恥心とは何だろうと思い図書館から羞恥心に関する本を借りてきました。

羞恥心の起源を考える上で、一つのキーワードは「自己意識」であるとあります。そして鏡に映った自分を自分だと知る実験が紹介されていました。

発達心理学者のマイケル・ルイス（Michael Lewis 一八七七〜一九五六）の、自己意識の発達を調べた実験です。九か月から二歳までの各月齢の子どもたちを集め、鏡に向かい合ったときの行動を観察した。子どもが遊んでいるとき、母親が子どもの鼻をぬぐうようなふりをして、ハンカチについた口紅を気づかぬように鼻につける。その子どもが、鏡に向かったとき、自分の鼻を触れれば自己意識がある証拠です。九か月や十二か月の乳児にそうした反応は全く見られなかった。十五か月になると二割程度が鼻に触るようになり、二歳を過ぎる頃になるとほとんどの子どもが、鏡に写っている自分を知ることができたとあります。年月とともに発達したのです。

言語には、他者から聞こえる言葉を話す外言と、頭のなかだけで思考する内言がありま す。言語はまずコミュニケーションの道具（外言）として発生し、三歳までは内言はなく、三歳以後に「独り言」のような発話から内言が発達していくのだそうです。

ルリア（Luria 一九五七）の実験が有名です。ルリアは、三歳から六歳の子どもに、「赤いランプが点灯したときにはボタンを押し、青いランプが点灯したときにはボタンを押さない」という課題を与えました。その結果、三、四歳の子どもは、このような簡単な課題でも正しく反応できないことがわかりました。ところが、赤いランプが点灯したときに子ども自身に「押せ」と言わせると、今度は正しく反応しボタンを押すことができるようになりました。これは内言が発達していないために、課題を頭の中に留めることができなかったからです。

四歳から六歳までは、心の理論が発達する時期であると言われています。心の理論とは、他者の心を類推し、理解する能力です。他者に対して、「今日は何か急ぎのことでもあるのかな」とか「怒っているのかな」などと、その人の行為の原因や相手の心の動きを察知する脳の働きのことです。

子どもは年月とともに発達し、できないことができるようになるというプラス志向で成長していきます。このプラス志向に対するこだわりは、人の特性とも言えるほど、身に染みついています。プラス志向も重要ですが、それが唯一絶対となると、そこに不幸が生まれていきます。

会社も個人も、強く賢く美しくありたいと願っています。ところが仏さまの願いの方向・喜びは、弱く愚かなものを、どれだけ摂め取っていけるかです。これが阿弥陀さまの慈しみです。この慈しみに委ねるためには、強く賢く美しくありたいという願いを断念することが不可欠です。

しかし強く賢く美しくありたいという願いを断念しようとすると、またプラス志向の罠にはまります。ではどうするのか。

強く賢く美しくありたいという願いをもったまま、そのものを肯定していける異次元の考え方が必要となります。この異次元の考え方が、浄土真宗の考え方です。

この世で覚ることを断念する、つまり強く賢く美しくありたいという価値観から離れることのできない愚か者であると認めていくのです。これが阿弥陀さまの救いの構造です。わたしは阿弥陀さまによって救われなければならない存在として、自己を認めていくのです。

言葉となり光となった大きな慈しみに触れたならば、その人は、弱さと愚かさを厭《いと》うこころの強さと憧れから解放されていくのです。

いづれの行《ぎょう》もおよびがたき身《み》なれば、とても地獄《じごく》は一定《いちじょう》すみかぞかし。

（『歎異抄』第二条、『註釈版聖典』八三三頁）

地獄は一定すみかぞかし――地獄こそ定まれる住み家である。

多くの現代人は、「地獄世界」の存在を是認しないのではないかと考えます。しかし仏教用語で用いる「界」には「たもつもの」という意味があります。「財界」や「芸能界」と言っても、そうした世界が宇宙のどこかにあるというわけではありません。「財界」は、「財」に対する優れた実績と思いを持った人の集まりです。「芸能界」は、芸能という分野に身を置く人たちの仮想空間と言ってよいかもしれません。

わたしの世界は、わたしの認識によって保たれている世界のことです。だから子どものときのわたしの世界と、大人になってからのわたしの世界では、まったく違った世界を生きています。

「地獄の世界」とは、宇宙空間に存在している世界ではなく、人間の認識によって開かれていく世界のことです。

「地獄」と言えば、天台宗の学僧であり浄土真宗の第六祖である源信和尚《げんしんかしょう》（恵心僧都《えしんそうず》・平安時代中期の人）が執筆された『往生要集』が有名です。そこには、

阿鼻地獄《あびじごく》といふは、大焦熱《だいしょうねつ》の下《した》にあり。欲界《よくかい》の最底《さいてい》の処《ところ》なり。

（『註釈版聖典（七祖篇）』八一四頁）

と、地獄は「地の底にある」と説かれています。「地の底」という表現は、光が届かない世界であり、希望のない閉ざされた死の世界であることを語っています。地獄を生きるとは、希望のない生を生きることなのです。

最近は耳にすることもありませんが、「○○をすると地獄に堕ちる」という言葉がありました。これは一見、未来のことを語っているようですが、「地獄に堕ちる」とは、未来のことではありません。地獄に堕ちるという結果をもって、いまのわたしの行為の価値を語っているのです。地獄に堕ちるほど悪い行為であるという〝いま〟を告げているのです。

たとえば、親は食の細い子に、「そんなことでは大きくなれませんよ」と未来を示して、現在の行為の不十分さを伝えることがあります。『歎異抄』には「地獄は一定《いちじょう》」という言葉がありますが、これも同じです。現在の自分の行為の値打ちを語っているのです。「地獄は一定」とは、〝善の可能性なし〟ということです。

人は、ある状況のなかにあってひとつの可能性を断念したとき、まったく想像もしていなかった別の道が見えてくることがあります。

回復が不可能な病気になり治療を断念したとき、人のやさしさや家族の心遣いが見えてくるということがあります。それはまさに、明るい電灯の下で灯されていたローソクの光が、電灯を消したときにその存在が顕在化してくるようなものです。人は弱さのなかでやさしさに出遇い、また苦悩のなかで異次元のこころの領域に出遇っていくことがあるのです。

先にも触れましたが、わたしは「かおりさんの日常」というマンガの原作を書いていました。主人公は雑誌社勤務のかおりという女性です。以下は、その一部分の描写です。

かおりがバスに乗っていると、偶然、友人で小学校の教諭をしているしず枝が乗ってきた。しず枝はかおりに気づくと、「かおりじゃないの、偶然ねぇ」と声をかけてきた。

かおりが「あら、しず枝。どう先生のお仕事は？」と訊《き》くと、しず枝は憂鬱《ゆううつ》な顔をして「教員って、最近、離職率がナンバーワンなのよ。とくに三年以内の人が辞めちゃうのよ。残業が多いし…」と答えた。かおりは目的のバス停が近づいてきたので、「今度、ゆっくりとグチ聞くから」と言ってバスを降りた。

数日後、かおりはしず枝とファストフード店で食事をする約束をしていた。少し早めに行って待っていると、しず枝が入ってきた。バスのなかでは憂鬱な顔をしていたのが、そのときとは一変して明るい雰囲気。何があったのかと、かおりは尋ねた。

「しず枝、今日は何だか以前と違ってハツラツね」

しず枝は楽しそうに、

「昨日、校長先生から良いことを聞いたのよ」

と言う。「何、なに？　教えて」とかおりが尋《たず》ね返すと、しず枝は一昨日の出来事を話してくれた。

「校長先生から、『君の担当しているクラスの子どもたちの長所を話してください』と尋ねられたので考えていると、今度は『では、子どもたちの短所、欠点を話してください』って訊かれたの。

わたし、子どもたちの欠点はよくわかるので一所懸命に話していたら、校長先生が、『慌て者は機敏なところがあるかもしれませんね。逆に、動作の遅い子は慎重だとも言えます。わたしたち教師は、ともすれば生徒の欠点や短所だけに目を付けてしまいがちですが、それだけでなく、短所や欠点も含めて長所や美点ももっと見ていくように努めたいですね』って。

目からウロコで、学校が少し楽しく思えるようになったのよ…」

（『めぐみ』第二三五号掲載）

一つの客観的な理想で計れば、欠点であることが長所として見ていける。それはその欠点を見る人のまなざしの豊かさによります。ここに愚痴と欲と怒りに沈む欠点を持ったわたしがいます。そのわたしを、諸仏方は仏の側の理想という物差しではかり、凡夫と告げられ見捨てられました。ところが阿弥陀さまは、凡夫という欠点を問題にすることなく、その欠点を見つめるまなざし、自らの力量、慈しみの深さを問題としてくださいました。それが阿弥陀さまの願いです。わたしという愚かさのなかで、阿弥陀さまの慈しみに出遇う。それが、最も劣った行為のなかに、最も価値あるものに出遇うということです。

地獄行きの行為しかできないわたしが、そのわたしの愚かさを通して、阿弥陀さまの慈しみに出遇うということがあるのです。
浄土真宗は、凡夫という欠点を問題にするのではなく、その凡夫を受け入れてくださる阿弥陀仏の豊かさ、願いを聴かせていただく仏教です。

すべての希望を断念するとき、それは異次元の希望が開かれるときである。限りない光は地獄をも照らしている。

第四章　大地からの支えに応える

微《み》妙《みょう》にして宮商《きゅうしょう》、自然《じねん》にあひ和《わ》す。
（『仏説無量寿経』、『註釈版聖典』三三頁）

宮商――東洋音楽における「宮」と「商」という隣り合う二つの音階のことで、この二音を同時に鳴らすと不協和音となる。

一九七七（昭和五十二）年に出版された『一〇〇万回生きたねこ』（佐野洋子 作・絵 講談社）という絵本があって、これまで二百万部以上発行され多くの人に読まれています。物語は、こんなふうに書き始められています。

一〇〇万年《まんねん》も　しなない　ねこが　いました。

一〇〇万回《まんかい》も　しんで、一〇〇万回《まんかい》も　生《い》きたのです。
りっぱな　とらねこでした。
一〇〇万人《まんにん》の　人《ひと》が、そのねこを　かわいがり、
一〇〇万人《まんにん》の　人《ひと》が、そのねこが　しんだとき　なきました。
ねこは、一回《いっかい》も　なきませんでした。
（二頁）

その立派なとらねこは、次から次へと生まれ変わり、そして次々に百万人の飼い主と出会い、かわいがられました。しかし、ねこは「（どの飼い主も）だいきらいでした。（どの飼い主も、ねこが死ぬたびに）なきました」が繰り返されていきます。

そして最後に、白いメスの猫と出会って恋をし、結婚してたくさんの子猫をもうけ、幸せに暮らします。やがて子猫たちは巣立ち、白猫はおばあさんになり、それでもとらねこは、いつまでもその白猫と一緒に暮らしていきたいと願っていたのに、いつしか白猫は、静かになり動かなくなりました。そのとき、とらねこは初めて泣いたのでした。夜も朝も、また次の日の夜も朝も…。そしてとらねこは、白猫の隣で静かに動かなくな

ります。

絵本は、

ねこは　もう、けっして　生《い》きかえりませんでした。

（三〇頁）

と終わります。

この絵本を読んで大きくこころを動かされたことは、〝他の死を悲しめるのは、悲しめる関係があったということであり、別れを悲しめない百万回の生よりも、死別を悲しんだ一回の生のほうが実りある生であった〟ということです。

悲しみはマイナス的なイメージでつい否定しがちですが、別れの悲しみは決して否定されるべきことではなく、悲しく感じられる関係があったことの証です。「悲しめてよかったですね」という表現はおかしいでしょうが、悲しみにも大きな恵みがあることを、この本から学べたように思います。

もう昔のことになりますが、ご縁をいただいたことのある故・花山勝友《しょうゆう》師（文学博士。武蔵野女子大学教授・副学長など）の逸話です。

先生には六人のお子さんがおられました。ところが、四歳の誕生日の直前に、次女がわずか一日の出来事で亡くなられました。かわいい盛りの出来事です。大勢の方が弔問にみえるなか、奥さまがポツリと「子どもを失ったことのない人には会いたくない」と漏らされたそうです。父である師も、同様の気持ちを持たれたそうです。

そのご夫妻が救われたのは、訪ねてくださったある方の言葉だったそうです。

「あなたは大事なお子さんを亡くされ、さぞおつらくて悲しいことでしょう。しかし、その悲しみさえも、わたしのように子どもをほしくてもできなかった人間からみれば、たいへん羨ましいことなのです。あなたには少なくとも四年間の思い出が残っていますが、わたしたち夫婦にはその思い出すらないのです」

その言葉に、「こんなにつらいことはない」と自分は世界一不幸な人間のような顔をしていた自分は何と増上慢《ぞうじょうまん》であったことかと、思われたと言われます。（『いい生き方いい死に方　より充実して生きるための「死生学」入門』七四頁、ごま書房　フロムフォーティズ）

花山先生の悲しみのなかでのある種の気づきは、違った意味づけを持つことができたということでしょう。

死別の悲しみから救われていくひとつの道は、その悲しみを否定しないことです。そして、悲しみを通して新しい出会いや気づきがあったとき、その悲しみは意味を持ってきます。悲しみを通して研ぎだされてくる真実は、万人の悲しみを潤す力があります。

悲しみを通して磨き出される真実は、万人の悲しみを潤す力がある。

両目《りょうもく》の浄《きよ》きこと青蓮華《しょうれんげ》のごとし。

龍樹菩薩『十二礼《じゅうにらい》』、『註釈版聖典(七祖篇)』六七八頁)

青蓮華――あざやかな青白色《せいはくしょく》をしている蓮の華。

二〇〇〇(平成十二)年、『hideありがとう!――2000人のメメント・モリ』(志茂田《しもだ》誠諦《じょうたい》・西原祐治共著　芙蓉《ふよう》書房出版)という本を出版しました。元「X JAPAN」のギタリストhide(ヒデ、本名・松本秀人)に関する本です。

hideさんの葬儀が一九九八(平成十)年五月七日、築地本願寺で勤まり、五万人が集まったと話題になりました。葬儀の翌日も、築地本願寺の本堂には葬儀の余韻に浸るように、人が溢れていました。わたしは、有志と「ビハーラ電話相談」という活動を行っていますが、当日の担当者が本堂に「hide追悼ノート」を用意し置いてくれました。そのノートはいまでも堂内に置かれています。一冊が書き終わると新たな一冊が補充され、最初の一年で六十四冊を数えました。

最初の二週間分のノートについて、どのような内容かを詳細に分類してみました。すべての人が記していた言葉は、「ありがとう」でした。「勇気をくれてありがとう」など、いろいろな〝ありがとう〟がありました。次に多い言葉は、「いつまでもこころのなかにいます」といった言葉でした。亡き人への思いは、この二つの言葉に集約されるようです。

それから半年ほどしたころ、また三冊分のノートをチェックしました。やはり「ありがとう」が多くありました。しかしそのころから、最初のころにはなかった言葉が記されるようになりました。それは「お元気ですか」という言葉です。

hideさんは亡くなられたのですから〝元気〟であるはずはありません。しかしノートが置かれたその場所は、人々の生と死をそのままにすべて受け入れてくださる、阿弥陀仏のご本尊が安置されているご本堂です。すなわち、亡き人と安心して語り合うことができる場でもあるのです。また、「お元気ですか」と書いた人の多くは、「この間、こんなことがありました」などと自分の近況も書き添えていました。亡き方との出会いの場は、同時に亡き方から見られている自分との出会いの場でもあるのです。

その次の年、一周忌の追悼イベントが西武ドームで行われました。そこには、一年前にhideさんを偲んだ五万人の余韻がその時点でもあるはずです。とすれば、その内の何千人かは築地本願寺にまた来られるに違いないと考え、一周忌の二週間前に、築地本願寺でも追悼の法要をしてはと思い立ち、新美術協会会員のKさんに阿弥陀如来の下絵を描いてもらいました。そして参拝された人に、その絵に色を入れてもらおうという企画です。

しかし、Kさんの絵は岩絵の具で本格的に描かれていましたので、ファンの方々には絵の余白に「ありがとう」の文字を書いてもらうことにしました。こうして、「1000人のありがとう」という絵を完成させ、その絵はいまでも築地本願寺のロビーに掲げてあります。その絵に筆を入れてくれた人たちの言葉を綴ったのが、『hideありがとう！——2000人のメメント・モリ』です。

亡き方と出会う。それは亡き方に見られている自分との出会いの場でもあります。阿弥陀さまに出遇うとは、阿弥陀さまのまなざしのなかにある、わたしが明らかになることでもあります。それは、わたしを評価する必要のない尊厳が明らかになることでもあるのです。

阿弥陀さまのまなざしは、わたしを評価することなく受け入れ、わたしの尊厳を明らかにしてくれる。

浄土は恋しからず——現状維持バイアス

「帰《い》去《ざ》来《いなん》、魔《ま》郷《きょう》には停《とど》まるべからず。曠《こう》劫《ごう》よりこのかた流《る》転《てん》して、六道《どう》ことごとくみな経《へ》たり。到《いた》る処《ところ》に余《よ》の楽《らく》なし、ただ愁《しゅう》歎《たん》の声《こえ》を聞《き》く。この生平《しょうびょう》を畢《お》へて後《のち》、かの涅《ね》槃《はん》の城《みやこ》に入《い》らん」と。

（善導大師『観経疏』、『註釈版聖典（七祖篇）』四〇六頁）

帰去来——ほんらい故郷に帰る決意を述べたものであるが、ここでは浄土へ生まれたいという意。
魔郷——生死の迷いの世界。
曠劫——きわめてながい年月。
愁歎——なげき悲しむこと。
生平——一生。

早朝のウォーキング。冬の未明は布団のなかが恋しいものです。

ある冬のことでした。外はまだ真っ暗でしたが、目覚まし時計で目を覚まされました。日課のウォーキングに出なければと思いはしたのですが、その意思に逆らい、身体は再び布団のなかにもぐりこんでしまいました。そのとき、前日ラジオで聞いた、放送大学「現代社会心理学特論」（森津太子《つたこ》放送大学准教授）の講義を思い出しました。

結論から言えば、「布団の温もりを手放したくない」という心理の普遍性です。これは社会心理学でいう「現状維持バイアス」というものだそうです。人には、十万円得ることの喜びよりも、十万円を失うことの悔しさのほうが大きいという心理が働きます。現状を変えることとは、良い結果を生むこともあれば悪い結果を生むこともあります。しかし、人はできるだけマイナスを避けるために、現状維持志向とつながりやすい傾向があるのだそうです。

講義は次のような内容でした。

クネッチ（Knetsch 一九八九）の実験では、実験参加者は三つのグループに分けられ、第一のグループにはあらかじめマグカップが、第二のグループにはチョコレートバーが与えられた。第三のグループには何も与えられなかった。

その後、長い質問に答え、最後に第一グループはチョコレートバーに交換する機会を、第二グループにはマグカップに交換する機会を、第三のグループにはマグカップとチョコレートバーの好きなほうを選べる機会を設けた。

その結果、最初にマグカップを与えられた実験参加者の八九パーセント、最初にチョコレートバーを与えられた実験参加者の九〇パーセントは、品物の交換を希望しなかった。第三のグループが選んだのはマグカップとチョコレートバーがほぼ半々だったことから、これは授かり効果によるものだと考えられる。

（森津太子著『現代社会心理学特論』一九一頁、放送大学教育振興会）

つまり感情には〝いまを継続したい〟という偏りがあるということです。一般的な言葉で言えば〝未練〟で、恋人と別れる辛さは「現状維持バイアス」によるのに、それを「愛情が残っている」と理解します。〝自分はマグカップよりもチョコレートのほうが好き〟という程度の勘違いなら些細なことですが、これが恋愛ごととなると、事は重大です。「好きだから別れたくない」というのと、「現状を変えたくないから別れたくない」では、大違いです。

さて、話は布団の温もりへの執着ですが、わたしが布団のなかで「布団の温もりを手放したくない」と思ったとき、「現状維持バイアス」とはこのことかと理解しました。そして、この「現状維持バイアス」という認識のゆがみは、恐らくこの世を去るときも、わたしには「浄土は恋しからず」という、この世への未練となって現れるに違いないとも思いました。

阿弥陀さまが〝救おう〟とされる大衆は、自分を意のままにコントロールできる聖人君子ではありません。浄土の世界を聴き、浄土に生まれるとこころは定まっているはずなのに、いざ臨終の段になると揺れ動くわたしの感情のための大悲です。ですから、「浄土はこひ（恋）しからず」（『歎異抄』第九条）という思いのまま、如来にゆだねていけばよいのです。

不完全なわたしを〝不完全なまま〟に摂め取ってくださる、それが阿弥陀さまの大悲です。「現状維持バイアス」は、阿弥陀さまの大悲のなかにはすでに織り込み済みのことなのです。

その時が来たら、秋になって落ち葉が風に誘われて樹木から離れるように、時の流れに身を任せ、嵐のなかで枯葉が舞うように頼りないわたしのこころであっても、「そのまま来い」と仰せになっているのです。目を閉じた先も、阿弥陀さまの慈しみに満ち満ちた世界です。安心して目を閉じればよいのです。

その時が来たら、時の流れに身をまかせてください。
あなたは阿弥陀さまの慈しみに触れることができます。
目を閉じた先も、阿弥陀さまの慈しみに包まれる世界。
安心してゆだねてください。

弥陀《みだ》の智願海《ちがんかい》は、深広《じんこう》にして涯底《がいたい》なし。
名《みな》を聞《き》きて往生《おうじょう》せんと欲《ほっ》すれば、
みなことごとくかの国《くに》に到《いた》る。

（善導大師『往生礼讃』、『註釈版聖典（七祖篇）』六七一頁）

涯底なし――底がない。

「彼岸」とは、阿弥陀さまがお住まいになられている浄土（浄仏国土）のことです。「彼の岸」と言えば、わたしと離れた遠い世界のように思われますが、わたしにとっては彼の岸であっても、彼岸の現場、すなわち阿弥陀さまのはたらき場所は、〝いま、ここ〟に生きているわたしを離れてはありません。

近年、人は知性を最高のものと考え、その知性を拠りどころとする傾向があります。また、その知性を磨いていけば苦しみはなくなるとさえ錯覚しています。本当に知性を極めていけば苦しみはなくなっていくのでしょうか。

わたしは車で移動するとき、よくカーラジオで「放送大学」の講義を聴きます。先日は、次のような講義がありました。

サルとチンパンジーの違いは、自己所有意識があるか、ないかである。サルは芋を拾って食べ、腹がいっぱいになると、あとの芋はそこに残していく。しかし、チンパンジーは、食べ残した芋は持ち帰って仲間に配ったりする。これは自己所有意識があるからである。

わたしは放送を聞きながら、「へぇー、そうなんだ」と思い、「だとすると、チンパンジーは自分のものという意識があるので、その自分のものが奪われたとき腹が立つことになる。サルよりもチンパンジーのほうが賢い分、苦しみが多いのではないか」と思いました。
チンパンジーには〝自分のもの〟という意識があるので、物々交換をするそうです。しかし、人間のように自らの利益が最大限になるような交換は行わない。つまり百円と一万円を交換しても違和感がないのです。その点、人間はチンパンジーより賢いために、得した喜びがある一方で、半面では損をしたという苦しみも伴います。またチンパンジーは、憎しみを持つことがないとも言われています。他を憎むという感情はかなり高度な知能であり、ここにも賢さによって生まれていく苦悩があります。そう考えてくると、知性や知能が発達することによって苦しみがなくなるのではなく、逆に苦しみが深まっていくことになります。

彼岸の世界は、この知能や知性を極めた先にあるのではありません。知性の有無に関わらず、わたしの闇を照らす光として、苦しみのなかにあるわたしを包む温もりとして、わたしの上に至り届いているのです。それが「南無阿弥陀仏」のお念仏であり、このわたしを無条件に救うという阿弥陀さまの喚びかけ、すなわち〝われ（阿弥陀仏）はここにいるぞ〟という存在の証です。

数年前のことになりますが、ある病院に「僧侶に会いたい」と希望されているAさんを訪ねました。そのとき、Aさんはすでにがんの終末期の病状でした。一週間の間に三度訪ねましたが、三度目にはもう意識はなく、そのままお亡くなりになられました。

二回目に訪問したときのことです。Aさんはベッドに横になったまま、「阿弥陀さまの四十八願《しじゅうはちがん》とは、どんな願いですか」と尋ねられました。

わたしはベッドの脇でAさんの耳元に口を近づけて、短く阿弥陀さまのお話をしました。

あるとき、お釈迦さまがお弟子さんに問われました。

「これまでに人々が流した涙と、大海の水とどちらが多いと思うかね」

日頃から話を聞いているお弟子方は、

「はい、それは涙だと思います」

と答えました。するとお釈迦さまは、「そのとおりだよ」と仰せになりました。

その大海のごとき苦しみと悲しみの涙のなかに終わっていった、いのちあるすべての人々を法蔵菩薩さまがご覧になって、そのすべてを救いたいと願われたのです。

そして その願いを実行していくとき、涙のなかに終わっていくいのちに対し、決して「頑張りなさい」とか「しっかり生きなさい」「一生懸命生きなさい」といった理想を押しつけたり、励ましたりするようなことは一切されませんでした。涙のなかに終わっていったいのち、頑張れない人も一生懸命に生きられない人も、そのままに抱き取っていけるお慈悲の深さを問題とされ、慈しみの仏さまになることを願われたのです。

その願いを成就(完成)された結果、法蔵は菩薩の位から阿弥陀如来へと成仏されたのです。そして、阿弥陀さまはいまや〝南無阿弥陀仏〟と称えられるお慈悲の仏さまとなって、あなたやわたしのこの身の上に至り届いているのです。

南無阿弥陀仏の仏さまは、あなたの生き方を問わない慈しみの仏さまとなって、いま、あなたとご一緒してくださっているのですよ。

こんな話をしながら、そのときのわたしは、Aさんの上に至り届いてくださっている阿弥陀さまのお慈悲の、まさにご相伴《しょうばん》にあずかっている心持ちでした。

いのちの終わりにあって終わりゆくいのちを否定することなく、虚しく終わっていくいのちであるがゆえに、大悲のやまない阿弥陀さまがましまして、いま「南無阿弥陀仏」のお念仏となって、このわたしの上に至り届いているのです。

阿弥陀さまは彼岸におわしますが、そのお慈悲の現場は、じつはいま、このわたしの上にあるのです。阿弥陀さまの智慧と慈悲は、底がないほど深く広いのです。それは、わたしの煩悩がそれだけ広く深く底がないゆえなのです。

阿弥陀さまの智慧と慈悲は、底がないほど深く広い。
それは、わたしの煩悩が広く深く底がないからである。

土《ど》はまたこれ無《む》量《りょう》光《こう》明《みょう》土《ど》なり。

（親鸞聖人『顕浄土真実教行証文類』「真仏土文類」、『註釈版聖典』三三七頁）

土――阿弥陀仏の浄土のこと。
無量光明土――はかることのできない光明（智慧）の世界。

「お浄土って、本当にあるの」
そう直截《ちょくせつ》に尋ねられると、少し戸惑います。そう尋ねる人は浄土を〝場所的概念〟と思っておられるのではないかと想像するから、返答に困るのです。
以前、夏休みのラジオ放送番組「こども科学電話相談」で、「明日って、どこにあるの？」と質問してきたお子さんがいました。回答者は困って、いろいろな角度から自分の思いを伝えていました。

「明日」は、駅に電車が停まっていたり宇宙に星があるような、場所的な概念ではありません。だから〝あるか、ないか〟だけで訊かれると困ってしまうのです。

時間の流れを一本の紐に例えると、昨日があっていまがあり、いまがあって明日があります。明日とはまだ迎えていない、いまのことです。時間がくれば、その人の上に開かれてくる、いまのことです。では明日はないのかと言えば、いま豊かな生活をしている人は豊かな明日を実感するはずです。浄土も同じことです。

「南無阿弥陀仏」と念仏を称え阿弥陀さまの願いに開かれている人は、浄土に生まれていくわたしであることを実感できるし、時間の経過とともに明日がいまになるように、凡夫のこのいのちが終わると同時(即時)に、浄土はわたしの上に開かれていきます。これは浄土を知る第一のヒントです。


話の角度を変えます。やはり以前、ラジオ番組で聞いた話です。英語のレッスンの番組でした。講師である外国人の先生が本国の両親に、徳利《とっくり》とおちょこをプレゼントとして送ったそうです。しばらくして両親から礼状が届くと、そこには「とっても素敵な一輪挿しと卵スタンドをどうも有り難う」とあったそうです。人は〝経験〟という色メガネですべてを見ています。お酒を入れる徳利を知らない人が徳利を見れば、それは一輪挿しの花瓶であり、同様におちょこも卵スタンドに見えます。

人は同じものを見ても、その人の経験や知識を通してものを見ています。ですから、同じものを見ても見え方が違ってくるのです。

覚りを開いた仏さまに見えている世界が「浄土」です。ですから、浄土は〝あるか、ないか〟ではなく、浄土が見えている仏さまからどう見えているのかを聞かせていただく世界なのです。これは浄土を知る第二のヒントです。

阿弥陀さまにどう見えているかを尋ねますと、「浄土は、あなたの闇を破る光(智慧)の世界です」と教えてくださるのです。

浄土は、すべての闇を破る光の世界である。

わたしの闇を明らかにする

釈迦《しゃか》・弥陀《みだ》は慈悲《じひ》の父母《ぶも》
種々《しゅじゅ》に善巧方便《ぜんぎょうほうべん》し
われらが無上《むじょう》の信心《しんじん》を
発起《ほっき》せしめたまひけり

（親鸞聖人『高僧和讃』、『註釈版聖典』五九一頁）

善巧方便——最高の巧みな手だての意。
無上の信心——阿弥陀仏の無上の智慧にひらかれた信。
発起——「むかしよりありしことをおこすを発といふ。いまはじめておこすを起といふ」（親鸞聖人による左訓、『註釈版聖典』五九一頁・脚註）。

「皇帝ペンギン」という、コウテイペンギンの一年間の生活を描いたドキュメンタリー調の映画があります。先日、ビデオをレンタルして観ました。

コウテイペンギンは、声の鳴き交わしで夫婦や親子であることを認識するそうです。とくに雛は、親の鳴き声をわずか五分の一秒間聞いただけで識別し、六デシベル以上で発せられる六羽の親鳥のなかから自分の親の声を聞き分けると言います。この映画は、雛を声で聞き分けるまでに成長させた親の苦労話です。

物語は、ペンギンのカップルの誕生から始まります。そして、年一回の交尾によって一カップルから産まれる卵は一個で、しかも群全体では、平均で産卵された卵の半数しか雛にならないそうです。コウテイペンギンの子育ては、世界で最も過酷な子育てと言われています。

雛を育てるための餌を蓄えに、産卵場所の内陸から百キロメートルもの道のりを歩いて海に向かいます。しかしその間、留守を守って抱卵する父親へとうまくバトンタッチできなかった卵は、零下四〇度のなかで数秒で凍りつきます。

卵を受け継いだ父親ペンギンは、母ペンギンが戻ってくるまでの約四か月間を、じっと飢えに耐えながら卵を温めつづけて待つのだそうです。厳しい環境下で百二十日間の絶食です。当然、三五キロから四〇キロほどあった父親ペンギンの体重は、半分ほどになるそうです。

父親ペンギンたちは、凍てつくブリザードのなかで、「ハドリング」と呼ばれるフォーメーションで身を寄せ合い暖をとります。群れの外側で強風にさらされた仲間を順番に内側へ移動させるという、集団力で身を守るのです。

そして百二十日後、ようやく母親ペンギンが戻ってきます。このときも、父親ペンギンは母親ペンギンを声で認識するそうです。待ち続けた父親ペンギンの声がパートナーである母親ペンギンに届いたときの喜びがいかばかりかは、想像に余りあるものがあります。

コウテイペンギンのペアや親子は、互いの存在を声によって認識しますが、わたしたち人間は、あらゆる存在を「眼・耳・鼻・舌・身」の五感によって感知します。

阿弥陀さまは、わたしのいのちの上に響く「南無阿弥陀仏」という名前の如来になることを本願とされました。「名号（名のる）」として耳に届く姿となられたのです。そして、お名前としてわたしに認識されるまでの法蔵菩薩（阿弥陀如来の前身）のご苦労が説かれているのが、『仏説無量寿経』という経典です。この経典には、このわたしが阿弥陀さまを阿弥陀さまと認識するまでには、阿弥陀如来の途方もないご苦労があったことが説かれています。そして、その願いが果たされたならば「大千《だいせん》まさに感動《かんどう》すべし」（『註釈版聖典』二五頁）とあります。

念仏を称えることを〝阿弥陀さまのご苦労のたまもの〟と受け入れる背景には、仏と無縁であったわたしであるという、ある種の覚醒があります。阿弥陀さまは、仏と無縁なわたしの闇を明らかにすることを、本心からの願い（本願）とされたのです。

わたしは、愚かさの自覚を通して自分自身への固執から解放されていくのです。

お釈迦さまや阿弥陀さまは、あたかも父や母のように、さまざまな企てやはたらきを幾重にも加えて、わたしの上にその如来を思うこころを整えてくださっているのです。

お釈迦さまや阿弥陀さまは、父や母のようにさまざまな企てやはたらきを加えて、わたしの上に如来を思うこころを整えてくださる。

変わることのない願いに貫かれる

如来《にょらい》、一切苦悩《いっさいくのう》の衆生海《しゅじょうかい》を悲憫《ひびん》して、不《ふ》可思議兆載永劫《かしぎちょうさいようごう》において、菩薩《ぼさつ》の行《ぎょう》を行《ぎょう》じたまひしとき、三業《さんごう》の所修《しょしゅ》、一念一刹《いちねんいちせつ》那《な》も清浄《しょうじょう》ならざることなし、真心《しんしん》ならざることなし。

（親鸞聖人『顕浄土真実教行証文類』「信文類」、『註釈版聖典』二三一頁）

悲憫――悲しみあわれむこと。

お盆に、あるご家庭にお参りしたときのことです。

お盆ということで、嫁いだ娘さんもお連れ合いと二歳前と五歳前の男の子、そして三歳半の女の子を連れて帰省しておられましたので、経本を配って一緒に読経しました。お勤めは「正信偈」です。幼児は抱っこ、他の二人の子は文字が読めないので、黙って正座していました。

読経中、幼児がまず初めに動き、女の子が幼児の相手をしていました。でも最後までしっかりと正座していました。その隣は上の男の子で、二十分間ほどを最後まで正座して沈黙を守っていました。

わたしは、途中からじっとして動かないその子が気になっていました。子どもが親に言われることなくじっとしているほうが不自然ですし、じっとしているのには何か理由があるはずです。

わたしは、その数日前に読んだ新聞の投書欄に掲載されていた話を思い出しました。それは次のような内容でした。

近くのスーパーへ買い物に行ったときのこと。混雑する店内で小さな男の子が走り回り、その後をママが追っている。よく見ると、そのママは三人の子どもを連れて買い物に来ていて、動き回る下の男の子二人を静かにさせようと必死になっていた。

レジを待つ間、ママは一番下の男の子のポケットに鍵を入れながら、〝家の鍵だから絶対になくさないでね〟と言っている。続いて、お兄ちゃんのズボンの後ろポケットにも何かを入れた。〝ママの携帯電話、持っていてね〟と話しかけている。

「大丈夫かな」と思ったが、何とその途端に二人は静かになった。時々ポケットを気にしながら、神妙な顔で順番待ちを始めたのだ。静かになった子どもたちにも感心したが、そうなることを見抜いて大切なものを預け、子どもに責任を持たせたママの行動にも驚いた。

（『読売新聞』二〇一五年六月六日）

親の見事な知見です。

わたしはこの投書欄の話を思い出し、坊やが動かなかった理由があるにちがいないと思い、お勤めが終わったあと、坊やに尋ねました。

「ぼく、偉いねぇ、ずうっと正座していたね。どうして最後まで動かないでいられたか教えて…」

その坊やは、少し考えて、

「前のときは動いてばかりいたから、今日は動かないって決めたんだ」

とのこと。短い時間でも、思いを通した行動はなかなかできるものではありません。

「坊やは偉いなぁ、ホントに偉い」

と、新聞の投書のことを引き合いにして話をさせていただきました。


〝願いが自分の行動を貫く〟なかなかできないことです。わたしたちはしっかりした願いを持っていても、場所やそのときの条件・境遇によって、その願いそのものが変わってしまいます。

仏教では、わたしの願いや行為を「有漏《うろ》」であると説きます。しっかりと決心しても、いつの間にか心変わりをしてしまいます。つまり漏れ変わってしまうのです。わたしたちは他人に裏切られるのではなく、わたし自身に裏切られ迷いの世界を流転してきたのです。

それに対して、阿弥陀さまの願いと行為は「無漏《むろ》」であり、変わることはなく、裏切られることはありません。

仏教の基本は、わたしの有漏のこころを断念して、何が大切であるかを〝明らかに見究め（諦め）〟ていくことです。ところが浄土真宗の仏道は、有漏のこころしか持ち得ないわたしを摂取してくださる阿弥陀さまの願いとはたらきに開かれて生きるものです。わたしの称える南無阿弥陀仏のお念仏は、その阿弥陀さまの悲願のたまものです。

浄土に往生するとは、いまがどのような状態にあっても浄土に生まれていくわたしであると、わたしの尊厳が明らかになることである。

この如来《にょらい》を、方便法身《ほうべんほっしん》とは申《もう》すなり。方便《ほうべん》と申《もう》すは、かたちをあらはし、御《み》なをしめして、衆生《しゅじょう》にしらしめたまふを申《もう》すなり。

（親鸞聖人『一念多念文意』、『註釈版聖典』六九一頁）

方便法身——真如そのものである法性法身《ほっしょうほっしん》が、衆生救済のために名を示し形を現した仏身のこと。

親鸞聖人が明らかにされた浄土真宗は、五濁の世界から覚りの世界へと、修行によって到達する仏道ではありません。阿弥陀仏の願いが、この五濁の世に至り届いているという教えです。

親鸞聖人の主著である『顕浄土真実教行証文類』の「証文類」には、

弥陀如来《みだにょらい》は如《にょ》より来生《らいしょう》して、報《ほう》・応《おう》・化《け》、種々《しゅじゅ》の身《み》を示《しめ》し現《げん》じたまふなり。

（『註釈版聖典』三〇七頁）

とあります。阿弥陀さまは、わたしに思われ称えられ五感に感じられる相《すがた》となって、わたしのもとに顕現しているのです。

その具体的な相が「南無阿弥陀仏」の念仏です。阿弥陀さまは、いのちある生きとし生けるすべてのものを無条件で救う如来です。阿弥陀さまの無条件の救いに開かれていくことは、無条件でなければ救われることのない、わたしの闇が明らかになることです。

フランス生まれの哲学者モーリス・メルロー＝ポンティ（一九〇八～一九六一）は、

事物の命名は、認識のあとになってもたらされるのではなくて、それはまさに認識そのものである。

（『知覚の現象学』第一巻、二九二頁、みすず書房）

と言っています。自分のなかに起こっていることは、言葉によって認識されます。やるせない気持ちは、「ヤルセナイ」という言葉とともに明らかになるのです。

わたしたち凡夫は、自己の愚かさを自らの力では認識することができません。ただ阿弥陀さまのお慈悲の深さとして認識されていくのです。阿弥陀さまの無条件の救いによって、無条件でなければ救われないわたしの闇が洞察されていきます。浄土真宗本願寺派の本山である本願寺からご本尊である阿弥陀如来の御影《ごえい》を受けますと、絵像の裏側に「方便法身尊形《ほうべんほっしんそんぎょう》」と記されています。

「方便」とは、真実の世界に〝近づく〟という意味です。「方」は正方形の方で、「正しい・まっすぐに」という意味があります。「便」は宅配便の便で「運ぶ」という意味です。ですから、方便とは「(浄土へと)真っ直ぐに運ぶ」ということです。

一方、方便の原語である「ウパーヤ」を、英語表記で、「coming near」となっていると聞いたことがあります。「near」は、ニアミスのニアで〝すぐ近く〟とか〝側〟という意味で、「coming」は〝来つつある〟すなわち「(わたしに)近づきつつある」ということです。

「法身」とは〝真如〟そのもの、すなわち〝仏の覚りの世界〟そのもののことで、その仏の覚りの世界そのものがわたしに近づいてきている。それが阿弥陀如来であり、「南無阿弥陀仏」のお念仏です。

真如そのものがわたしの上に「南無阿弥陀仏」のお念仏となって、わたしが救われていく慈しみの世界が開示されたということです。「南無阿弥陀仏」と称えるなかに、わたしは阿弥陀さまの慈しみに触れていく。なぜなら、わたしが阿弥陀さまの名を称えるそのなかに、〝称えさせて救う〟という如来の壮大なるはたらきがあるからです。


わたしが阿弥陀さまの名を称える。そこに「称えさせて救う」という如来の壮大なるはたらきがある。

闇の深さと慈悲の深さ

煩《ぼん》悩《のう》具《ぐ》足《そく》の凡《ぼん》夫《ぶ》と仰《おお》せられたることとなれば、他《た》力《りき》の悲《ひ》願《がん》はかくのごとし、われらがためなりけりとしられて、いよいよたのもしくおぼゆるなり。

（『歎異抄』第九条、『註釈版聖典』八三七頁）

煩悩具足――こころをわずらわし、身を悩ませる一切の妄念（欲望）が、ことごとく身にそなわっていること。

他力の悲願――阿弥陀仏の切なる大悲の願い。

インドの神話のなかに、「シヴァ」という破壊を司る神がいます。破壊を司るというと少し奇異に思われるかもしれません。しかしインドの大地はときに、たとえば暴風雨などによって破壊的な水害にみまわれますが、その水害は一方で、大地を潤し動植物に生きる力を与えます。破壊そのものが新たなる恵みなのです。

破壊がそのまま創造であるという論理の背景には、水害に限らず、新しいものを得るためには、すべからく古いものを壊す必要があるという考え方があり、これは一つの真理です。

人類は、約四百万年前に二足歩行を手に入れたとされています。二足歩行の誕生は、四足歩行の放棄でもあったのです。千五百万年前のアフリカで、地球の寒冷化によって熱帯雨林が減少し、エサである果実の争奪が激しくなりました。このとき、マカク(サル)は、タンニンを分解する能力を獲得しました。

タンニンとは果実などに含まれる渋み成分で、人間も属する類人猿はタンニンを分解する能力がありません。その結果、人類の先祖は熱帯雨林から駆逐され、平原で暮らすようになります。その平原で二足歩行を始めた結果、現在のホモ・サピエンスに発達していったとされています。

二足歩行は、四本足に比べて効率的で、三五パーセントの省エネ効果を生んでいるそうです。その結果、広大な草原をも、どこまでも走って獲物を狩る手段を得たのです。二足歩行は、四足歩行との決別によって生まれたわけです。わたしたちが新しい価値観を得るには、それまでの価値観を手放す必要があります。

わたしは、大学時代に禅宗の「公案《こうあん》」に取り組んだことがあります。それは、「箒《ほうき》を箒という言葉を用いず一言で答えよ」というものでした。

毎日、その答えを求めていました。そして行き詰まった三か月後、ある本を読んでいたときのことでした。その本のなかに『論語』の、

知《し》らざるを知《し》らずと為《な》す。是《こ》れ知《し》る也《なり》。

（井波律子訳『完訳 論語』三九頁、岩波書店）

という文がありました。わたしは途端に自分は「知らない」状態にあることを知って落

ち着き、いままでの迷いが一気に晴れたのです。それから一週間ほど自然の木々や風景が光り輝いて見え、わたしというフィルターを外してみれば、〝自然は輝いている〟ということを初めて体験したのでした。

「わたし」という存在は、言葉によってものごとを知り、その言葉によって規定された枠のなかで生きています。その言葉によって現実がつくられていくのです。そして、言葉によってものやものごとが概念化され、実物や実体が目の前になくても、多くの人に共有されるようになっていきます。

自分の闇の深さは、阿弥陀さまの慈悲の深さとして認識されていくのです。浄土真宗では「聴聞」を大切にします。聴聞とは、阿弥陀さまの大悲を聞くことです。大悲を聞くことを通して、わたし自身の闇の深さに触れていくのです。

「チンダル現象」というものがあります。雨戸などの隙間から差し込んできた光が室内に浮遊している塵や埃などの微粒子に当たり、光が拡散して光の筋道が見える現象です。光が微粒子に当たって、光が光の姿を現す。それは同時に、無数の塵や埃が自らの姿を現すことでもあります。
これは阿弥陀さまとわたしの関係に似ています。阿弥陀さまが明らかになる、それはわたしの闇（真実の姿、本性）が明らかになることです。

わたしの闇の深さが明らかになることは、阿弥陀さまの慈悲の深さが明らかになることである。

おわりに

このたび、本願寺出版社から本書を出版する運びとなりました。数年前、同社担当者より季節ごとの伝道小冊子の一つである『お彼岸―秋』の執筆依頼があり、書かせていただいたことがあります。その後、この担当者が友人のご息女であることを知り、ご縁の深さを感じていたところに、単行本の執筆依頼をいただき本書誕生となりました。

本書には、自坊の「寺報」をはじめ、毎日書き続けているブログ、さらには浄土真宗本願寺派のさまざまな機関紙誌にご縁をいただいた折に記した随筆などから拾って、掲載しました。校正であらためて読み返したとき「煩悩」の語の多さに気づきました。人は煩悩でできあがっているような存在ですが、煩悩には三つの形態があります。

一つは、楽しみです。美味しい食事、良い音楽、すばらしい映画などなど、煩悩があればこその楽しみがあります。

二つ目は、煩悩が「苦しみ」となります。がんを患い、限りある命であることを告げられる。今まで楽しみを支えてくれた煩悩が苦しみの原因となるのです。できていたことができなくなる。「こんなはずではなかった」と思うのも煩悩です。

三つ目が、「覚り」です。浄土真宗でも、「煩悩即菩提《ぼんのうそくぼだい》」と言います。「菩提」とは、「覚りに至らしめる智慧《ちえ》」のことです。煩悩が、覚りの世界へ向かわせる智慧に転じていくことがあるというのです。仏さまの覚りや智慧の世界は、煩悩と対立するものではなく、煩悩がそのままお覚りの智慧となっていくのです。

思えば、日々の生活のなかで法話となるご縁は無数にあるのですが、その元をたどれば、人間の悩みは無数にあり、その悩みとともに無数の人が翻弄《ほんろう》されていくからにほかなりません。

本書が少しでもこれらの人たちの足元を照らし、新たな人生を考えていただく機縁となれば、同時代に生をともにするものとして、これ以上の喜びはありません。

本願寺出版社の皆さまには、本書の装丁をはじめ校正など全面的にお世話になりました。また知人の景方尚之《かげかたひさゆき》さんにも、校正のご協力をいただきました。末筆ながら、紙面を借りて厚く御礼を申しあげます。

二〇二一（令和三）年九月五日

著者識

【著者略歴】

1954（昭和29）年、島根県生まれ。龍谷大学大学院非常勤講師、東京仏教学院講師などを歴任し、現在、仏教婦人会総連盟講師。本願寺派布教使、千葉県柏市西方寺住職。

【著　　書】

『浄土真宗の常識』（朱鷺書房）2006
『親鸞物語　泥中の蓮花』（朱鷺書房）2007
『光　風のごとく』（探究社）2008
『仏さまの三十二相　仏像のかたちにひそむメッセージ』（朱鷺書房）2010
『苦しみは成長のとびら　仏教者からの処方箋』（太陽出版）2011
『お坊さんの常識』（探究社）2015
『大きな字で読みやすい　浄土真宗 やわらか法話３』［共著］（本願寺出版社）2015
『仏教で人生を生きる 現代とすくい』（本願寺出版社）2021

正しい絶望のすすめ ―浄土の教えに生きる―

2021年11月20日　初版第１刷発行

著　者　西原　祐治

発　行　本願寺出版社
〒600-8501京都市下京区堀川通花屋町下ル
浄土真宗本願寺派（西本願寺）
TEL. 075(371)4173　FAX. 075(341)7753
https://hongwanji-shuppan.com/

印　刷　大村印刷株式会社

定価はカバーに表示してあります。
不許複製・落丁乱丁はお取り替えします。

ISBN978-4-86696-025-8
MO52-SH1-①11-21